道徳の時代をつくる！

― 道徳教科化への始動 ―

編著　押谷 由夫　柳沼 良太
著　　新井 浅浩　貝塚 茂樹
　　　関根 明伸　西野 真由美　松本 美奈

教育出版

はじめに

　2013（平成25）年1月、教育再生実行会議による「いじめ問題等への対応について（第一次提言）」を直接の契機とする道徳の教科化問題は、同年12月26日の道徳教育の充実に関する懇談会「今後の道徳教育の改善・充実方策について（報告）―新しい時代を、人としてより良く生きる力を育てるために―」（以下、「報告」と略）の提出で一応の方向性が示された。

　「報告」は、「道徳教育の要である道徳の時間を、例えば、『特別の教科　道徳』（仮称）として新たに教育課程に位置付けることが適当」とし、「その目標・内容をより構造的で明確なものとするとともに、学校の教育活動全体を通じて行う道徳教育の要としての性格を強化し、それ以外の各教科等における指導との役割分担や連携の在り方等を改善する」ことを明確に求めたからである。

　「報告」を受けた下村博文文部科学大臣は、2014（平成26）年2月17日に中央教育審議会に「道徳に係る教育課程の改善等について」を諮問し、現在、専門部会において「道徳の時間の新たな枠組みによる教科化に当たっての学習指導要領の改訂に関わる事項」を中心に審議がなされている。道徳の教科化問題もその具体的な制度設計の段階に入ったことになる。

　しかし、この間、道徳の教科化問題について生産的で実質的な議論が積み重ねられてきたかといえば、残念ながらそうとは思えない。上記の懇談会の一員として参加した私も、道徳教育といっただけで、条件反射的に拒否反応を示す人々に数多く直面したし、TPOによって自らの言説をみごとに変えていく「カメレオン学者」の多さにも戸惑った。

　「報告」は、「我が国社会には『道徳』に対する一種のアレルギーともいうような不信感や先入観が存在しており、そのことが道徳教育軽視の根源にあるのではないか」と述べたが、その指摘の正しさと根深さを嫌というほど経験した。

　私はこうした道徳教育の状況を以前から「思考停止」と呼んできた。私のいう

「思考停止」とは、物事を深く「考える」ことなくただ感覚的に物事を判断（多くの場合は断罪に近い）しようとする「幼稚化」と同じ意味である。こうした状況が、いかに道徳教育において深く浸透し、常態化しているかを改めて痛感する。

「思考停止」と「幼稚化」は、具体的な対案のない、いわば「反対のための反対論」の蔓延という形で表出する。ところが、それは道徳の教科化への賛成者にも当てはまることがわかってきた。彼らの中には、教科化さえすれば、いじめや不登校などの教育問題がたちどころに解決するかのような「幻想」をもつ者も少なくない。

こうしたいわば、「賛成のための賛成論」もかなり厄介である。「反対のための反対論」も「賛成のための賛成論」も「実は何も考えていない」という点では「思考停止」や「幼稚化」と同じ地平に立っている。

懇談会の「報告」が提出されたあと、ある取材で知り合った某テレビ局のディレクターから次のように言われた。

「貝塚さんの言うことはわかる。道徳の教科化もあなたが言うとおりの意味では必要だとも思う。『報告』もその意味では正論だ。そこまでは正しい。でも、教育関係者や教員を取材すると、彼らは道徳について何も考えていない。出てくるのは、評価はどうなりますか？　教科書は？　といった問題ばかり。では、あなたはどう思いますかと言うと、一様に『難しいですね』という答えしか返ってこない。これは、主体的に考えていないということですよね。主体的に考えられない教師が主体的に考えられる子どもを育てられますか。論理的に矛盾していますよね。だから私は教科化には反対だ」。

率直な言葉だと思った。重い言葉だと思った。そして何より私にとっては強烈な言葉であった。彼が道徳の教科化に反対だったからではない。こうした状況を私も実感していたからである。

また、おそらくこれは大切な子どもを学校に預けている保護者の率直な言葉だとも思った。そして、これが多くの保護者の「本音」であるとしたらそら恐ろしいとも思った。実際に、道徳が教科になろうとなるまいと、子どもたちや保護者にはほとんど関係はない。多くの保護者は「反対のための反対論」にも、また「賛成のための賛成論」にもたぶん「ウンザリ」しているはずだ。
　特に保護者が知りたいのは、「特別の教科　道徳」になることで「何が教えられ、それによって子どもの何がどう変わるのか」である。そうした思いとまなざしに正面から向き合うことが何より大事ではないのか。そのためには、諦めることなく、真摯でていねいな議論を積み重ねることが大切であることはいうまでもない。逆にいえば、そうした議論の積み重ねがなければ、道徳の「思考停止」から抜け出すことはできないはずだ、と改めて思う。
　さて、本書は昨年出版した『道徳の時代がきた！―道徳教科化への提言―』の続編である。前書に対しては「道徳の時代はきていない！」などという類の幼稚な揶揄と「批判」（イチャモン）を漏れ聞くことはあった。しかし、前書が教科化をめぐる生産的な議論の「たたき台」としての役割は充分に果たせたと「自負」しているし、手前味噌であるが、前書での提言の多くは、懇談会の「報告」にも反映されたとも考えている。
　それは、「反対のための反対論」や「賛成のための賛成論」といった「思考停止」の議論に足をすくわれることがないように注意しながら、私たちなりの提言を発信した結果であるとも「自負」している。実際に、少なくとも私たちのまわりでは、前書の内容に関する具体的で活発な（ときとして激しい）議論の場は成立していたからである。
　前書の時と同じく、本書の編集会議での議論もかなり「白熱」したものとなった。そのため、本書でのそれぞれの提案も必ずしも一致はしていない部分もある

し、一見すれば相反する部分もあるかもしれない。しかし、それは当然のことでもあり、それ自体が意味のあることである。

　それにしても、編集会議での議論の時間は今回もまた実に「愉しい」ものであった。議論が「愉しい」ものであったからこそ、ほぼ1年間の間に2冊もの本を刊行するという「無謀」ができたとも思う。

　本来は「愉しい」はずの道徳教育を殊更に「つまらない」次元に無理やり落とし込んできたことが、戦後教育の根本的な病理ではないのか―。こんな「壮大な」ことも「白熱」した議論の過程で何度も頭をよぎった。

　教育とは子どもたちの未来を語ることであり、未来の日本を築いていく役割を担うものである。とすれば、教育にはもともと無機質な「思考停止」の議論にはなじまないはずだ。もっと愉しく、ワクワクしながら道徳教育の話をしようではないか！　そのために、しっかり勉強して、じっくり子どもたちの未来を「考える」ための議論をしようではないか！

　本書で私たちが言いたかったことは、こんな当たり前の単純なことである。少なくとも私はそうである。

　前書と同じく、本書が教科化のための具体的な制度設計の「たたき台」となり、道徳教育の充実のための「白熱」した議論の発火点になれば幸いである。

　2014（平成26）年　憲法施行から67周年を迎えた日に

貝塚　茂樹

目　次

はじめに

第1章　「特別の教科　道徳」をどう設計するか
1　「特別の教科　道徳」の在り方　　押谷　由夫 …………………… 2
　　1．「特別の教科　道徳」に夢を託せるか　2
　　2．道徳教育を学校教育の中核にするための手立て　2
　　3．道徳教育と「特別の教科　道徳」の目標　5
　　4．道徳教育の内容について　8
2　懇談会は「特別の教科　道徳」をどう設計したか　　貝塚　茂樹 ………… 10
　　1．なぜ道徳教育の充実が必要なのか　10
　　2．道徳教育をどのような方向に改善するのか　12
　　3．道徳教育の改善・充実のためにどのような条件整備が必要か　15
3　「特別の教科　道徳」をどう位置づけするか　　柳沼　良太 ……………… 18
　　1．道徳教育を位置づけ直す経緯　18
　　2．「特別の教科　道徳」をどう位置づけるか　19
　　3．「特別の教科　道徳」の実施率を上げる手立て　22
4　「特別の教科　道徳」をどう計画するか　　柳沼　良太 …………………… 24
　　1．道徳教育の計画に関する諸課題　24
　　2．道徳の計画の在り方を考える　25
　　3．道徳の計画をどうするか　28
5　実践力をはぐくむ道徳授業をつくる　　西野　真由美 …………………… 32
　　1．道徳的実践力をめぐる「混乱」　32
　　2．道徳授業は何を求めるか　33
　　3．内省と実践をつなぐ授業へ　36

〔松本美奈の言々句々〕　道徳とは何だろう①　みんなと同じ …………… 40

第2章 「特別の教科 道徳」カリキュラムを設計する

1 道徳の目標を設計する　柳沼　良太 …………………………………… 44
1．道徳の目標に関する諸課題　44
2．道徳性と道徳的実践力をどう定義し直すか　45
3．道徳教育の目標と道徳授業の目標の見直し　48

2 指導内容を設計する　柳沼　良太 ………………………………………… 50
1．指導内容に関する諸課題　50
2．指導内容の精選と並べ替え　51
3．指導内容の三側面　52
4．児童生徒の発達段階を踏まえた指導内容　54

3 指導方法を設計する　柳沼　良太 ………………………………………… 56
1．指導方法に関する諸課題　56
2．道徳教育の三側面を育成する指導方法　57
3．指導方法の多様化　60

4 評価を設計する　柳沼　良太 ……………………………………………… 62
1．評価に関する諸課題　62
2．道徳の評価の観点　63
3．「行動の記録」との関連づけ　65
4．多様な評価方法の導入　67

5 教科書を設計する　貝塚　茂樹 …………………………………………… 70
1．なぜ検定教科書とするのか　70
2．検定基準と執筆基準はどうすべきか　71
3．道徳教科書の内容をどうするか　73
4．道徳教科書の構成と運用をどうするか　74

6 『私たちの道徳』の活用から設計する　押谷　由夫 …………………… 76
1．『心のノート』に託された願い　76
2．『私たちの道徳』(新『心のノート』)改訂の意図　77
3．『私たちの道徳』をいかに活用するか　79

松本美奈の言々句々　道徳とは何だろう②　14億円の期待 …………… 82

第3章　諸外国の道徳教育から「特別の教科　道徳」を設計する

1　コンピテンシーと価値をつなぐ　　西野　真由美 …………… 86
1．コンピテンシーを道徳教育の視点で見る　86
2．コンピテンシーと価値をつなぐカリキュラムを設計する　91

2　韓国の道徳科から考える　　関根　明伸 ………………………… 94
1．2012年に告示された「道徳」カリキュラム　94
2．「道徳」の位置づけと我が国との相違点　94
3．韓国「道徳」カリキュラムの目標と内容　95
4．教科書に見られる「道徳」の教育方法　98
5．「道徳」の評価方法　99
6．我が国への示唆　100

3　アメリカの人格教育から考える　　柳沼　良太 ……………… 102
1．アメリカの人格教育の現状　102
2．効果的な人格教育の11原則　104
3．人格教育の包括的評価計画　105
4．アメリカ教育省の評価指針　107
5．我が国への示唆　108

4　イギリスの「道徳教育」から考える　　新井　浅浩 ………… 110
1．イギリスの「道徳教育」の展開とその背景　110
2．「道徳教育」の内容と方法　111
3．我が国への示唆　115

松本美奈の言々句々　道徳とは何だろう③　「種まき」の時間 ……………… 118

第4章　座談会「特別の教科　道徳」のカリキュラムと評価を考える ……… 121
出席：貝塚　茂樹、柳沼　良太、関根　明伸、新井　浅浩、押谷　由夫、西野　真由美
司会：松本　美奈

あとがき
著者紹介

第 1 章

「特別の教科　道徳」をどう設計するか

1 「特別の教科 道徳」の在り方

押谷 由夫

1. 「特別の教科 道徳」に夢を託せるか

　道徳教育とは何か。「人間として生きるとはどういうことかを学び身につけていくこと」。確かにそうだが、さらに説明を加えたい。「かけがえのない私、どう生きる」と自らに問いかけ、追い求めること。つまり、自らの人生を切り拓いていくことなのである。どう切り拓いていくのか。人間の本質である道徳的価値意識をはぐくみながら、未来に夢や希望をふくらませていくことといってよい。
　では、その道徳教育を行っているあなた自身が「これからの道徳教育に夢や希望を託せるか」と問われて何と答えるだろうか。道徳教育は、子どもたちに夢や希望をはぐくむものであるならば、そのことを行う教師や大人が、道徳教育そのものに夢や希望を託せなければ、効果的な指導はできない。
　「特別の教科　道徳」設置の趣旨は、道徳教育の充実にある。そのための中核として、「道徳の時間」を「道徳の特性を踏まえた新たな枠組みによる教科化」をしようという提案である。それをどのように実現し、道徳教育の充実を図っていくのか。教師一人一人の主体性が問われているのである。

2. 道徳教育を学校教育の中核にするための手立て

(1) 「特別の教科　道徳」と「各教科」とは何が違うのか
　教科とは、人格の形成（教育の目的）を目指して必要な知識や技能などが分野ごとにまとめられ専門分化していくものととらえられる。それに対して道徳は、

人格の基盤となるものであり、専門分化したもの全体にかかわり人格の基盤づくりにつなげていくものととらえられる。したがって、道徳は、各教科とは性格を異にするが、各教科と密接にかかわることによって成り立つという特性をもつ。その意味において、教科の範疇に入れて考える必要がある。それは、本来の教科の概念を超えて成り立つものであることから、特別の教科（スーパー教科）となる。

　さらにいえば、道徳は教科とのかかわりだけではなく、特別活動や総合的な学習の時間など学校の教育活動全体、及び家庭や地域社会での道徳教育と密接にかかわる。その意味でも特別の教科（スーパー教科）なのである。

　そのことを踏まえて「特別の教科　道徳」の特性をどのように考えればよいのか。それは、人格の基盤となる基本的な道徳的価値に関する学習を全体的にとらえて計画的・発展的な指導により子どもたち一人一人の道徳性を豊かにはぐくむということである。各教科における道徳教育は、あくまでも各教科の目標や内容とのかかわりにおいて、道徳的価値の学習が行われる。また日常生活では、その時々の状況に応じて無意識的に道徳的価値の学習が行われる。「特別の教科　道徳」では、それらの中ではぐくまれる基本的な道徳的価値について、全体を見据えて、計画的・発展的に指導することによって要の役割を果たすのである。

(2)　現行の「道徳の時間」と「特別の教科　道徳」の違いは何か

　学習指導要領上では、現行の「道徳の時間」は、道徳の特性を反映させたものになっていると考えられる。したがって本質においては、「特別の教科　道徳」は、現行の「道徳の時間」と変わらない。しかし、「特別の教科　道徳」にすることによって、次のような大きな変化が予想される。

　第1に、条件面が格段に充実される。いわゆる人、もの、金の整備である。例えば、人に関していえば、道徳教育の加配教員として道徳教育推進リーダー教師が全国で2000人確保される予定である（7年間で）。ものでいえば、教科書が無償配布される。金でいえば、道徳教育予算が確実に確保され、教材予算や研修予算等が充実される、といったことである。

　第2に、確実に教師の道徳教育に関する意識を変えていく。つまり、現行の

「道徳の時間」が思うような効果を上げていないのは、教師が「道徳の時間」について理解不足で指導が充実していないからだという意見が多い。「道徳の時間」の理解をしっかり行い指導している教員は確実に成果を上げていることからも、そのことがうかがえる。道徳教育が学校教育の中核であることの意味、道徳の特性、「道徳の時間」が道徳教育の要としての役割を果たすための指導の在り方などについて、理解を深めることによって確実に成果を上げることができる。

　第3に、道徳の授業改善が確実に図られる。「特別の教科　道徳」が設置されることによって教育課程における道徳教育が明確になり、その要としての役割を果たすための授業研究が活発になると予想される。特に評価をしなければならないとなると、一人一人の教師がより主体的に授業研究を深めることになる。

　第4に、このことは、結果的に各教科等における授業の充実にもよい影響を与え、学校教育改善が図られる。「特別の教科　道徳」と「各教科」との違いと共通点を理解することから、それぞれの充実が図られるとともに、特別活動や総合的な学習の時間も、より道徳性の育成を図った指導が充実される。

　第5に、保護者や地域の人々の協力も得られやすくなる。特に充実した道徳教材の家庭や地域での活用や、保護者や地域の人々の協力を得た授業がより行いやすくなり、学校、家庭、地域が連携した道徳教育をいっそう推進できる。

(3) 「特別の教科　道徳」が成果を上げるための手立て

　以上のような効果を上げていくためには、さらにさまざまな手立てを行う必要がある。例えば、次のことが挙げられる。

　第1に、校長が「道徳の時間」の指導をできるようにする。そのためには、校長に就任する前の事前研修や校長研修に、必ず「道徳の時間」の演習形式の研修を入れることも考えられる。

　第2に、道徳教育推進教師には、リーダーシップを発揮できる教師を任命することである。そのためにも特別手当が出るようにしていく必要がある。

　第3に、今年度から各県に設けられる道徳教育推進リーダー教師を、あて指導主事というかたちで各校の道徳教育の指導が自由にできるようにする。そして、

管轄下のすべての学校に計画的・継続的・発展的にかかわれるようにし、自主的な研究会も設けられるようにする。

　第4に、全校体制で道徳の資料室を設け、教材ユニット（資料、補助教具、短冊、ワークシート等）を計画的に作って保管し、共有化する。

　第5に、特に中学校においては、学年全体で取り組むという意識でさまざまな指導形態を工夫する。学年でいくつかのチームをつくって順番にその学年全体の授業をチームで行っていくという方法も考えられる。

　第6に、道徳の授業に関して保護者や地域の人々の協力体制を確立する。保護者や地域の人々の協力が得られることによってより多様な授業を計画することができるし、指導の効果を格段に向上させることができる。

　そして、当然のことながら、教員養成における授業の充実や教員研修における道徳授業の実践的講座の充実などが挙げられる。

3．道徳教育と「特別の教科　道徳」の目標

(1)　道徳教育の目標について

　道徳教育の目標は、三つの要素を踏まえる必要がある。一つは道徳教育とは何かということ。二つは学校教育全体の位置づけ。三つ目は具体的指導方法である。例えば、道徳教育は、学校教育の中核的な役割を果たすものであり、「特別の教科　道徳」を要として、学校の教育活動全体及び家庭や地域での生活を通して道徳性を養い、自律的に道徳的実践のできる児童（生徒）を育てるものである、といった表現もできる。

　ここで、道徳性の定義が問題になる。現在の学習指導要領の解説書では「人間としての本来的在り方やよりよい生き方を目指してなされる道徳的行為を可能にする人格的特性であり、人格の基盤をなすものである。それはまた、人間らしいよさであり、道徳的諸価値が一人一人の内面において統合されたもの」と説明している。さらに、「道徳性は様々な側面からとらえることができるが、学校における道徳教育においては、各教育活動の特質に応じて、特に道徳性を構成する諸

様相である道徳的心情、道徳的判断力、道徳的実践意欲と態度などを養うこと」を求めている。この諸様相の中には、道徳的習慣などが含まれるとしている。

　道徳性は、本来内面的なものであるが、道徳的習慣は内面が行為となって外に現れたものととらえられる。つまり内面化された行為である。それは自律的に道徳的実践を行うことでもある。道徳教育は内面をたがやし道徳的行為を習慣化できるようにしていくことが大切であり、それが道徳性の育成の中に含まれる。そのことを明確にしていく必要がある。また、自律的に道徳的実践ができる児童（生徒）を育てる、というところをもう少し具体的に述べて、自分の生き方やとるべき行動について、生活体験やさまざまな学習活動を通して、自ら感じ（気づき）、考え、判断し、実践していけるようにすることである、ことを明記すればどうか。これらの中には道徳的心情、判断力、実践意欲と態度も含まれるし、すべての教育活動における道徳教育についても、いっそう理解が深まるように思われる。さらに思考力や方法・技術なども強化されると考えられる。

(2) 「特別の教科　道徳」の目標について

　学校現場での誤解に、道徳教育では道徳性を養い、「道徳の時間」では道徳的実践力を養うという誤った認識があるように思う。そうではなく、「道徳の時間」でも当然道徳性を養うし、学校教育活動全体で行われる道徳教育においても当然道徳的実践力が養われる。このような誤解を生まないためにも、「特別の教科　道徳」は道徳教育の要であることの意味をしっかりと伝えていく必要がある。つまり、「特別の教科　道徳」は、学校教育全体で取り組む道徳教育の要であることから、道徳教育目標、つまり、道徳性の育成の要とならなければいけないということである。その道徳性は、自律的に道徳的実践ができるようになることであるとすれば、当然道徳的実践に関する要の役割も果たさねばならない（それは単純に道徳的実践をするという意味ではない）。

　そこで、道徳的実践力の意味が問われてくる。現行の解説書では、道徳的実践を支える内面的な力であり、それは現在だけではなく将来にも力を発揮できるようなものであると述べられている。つまり道徳的実践力はもっと実践と響き合う

指導が必要になる。そのことによって道徳教育の要の役割が果たせるのである。

　なお、道徳的実践についても考え直す必要がある。一般的には、道徳的実践といえば道徳的な行為をすることととらえられるが、例えば、道徳的な事柄について調べてみたり、聞いてみたり、考えたり、試してみたり、振り返ってみたりすることすべてが含まれると考える。そうすると、自分もやってみるといった行動面だけではなく、今日学んだことをもっと調べてみようとか、さらに考えてみようとか、自分をもう一度見つめ直してみようとかの心の動きが起こることも、道徳的実践力を養ったことになる（それらは道徳的実践意欲・態度の範疇でも考えられる）。これからの教育に求められるコンピテンシーともかかわってくる。

　また、道徳的心情と道徳的判断力についても明確にする必要がある。道徳的心情は単なる気持ちや感情ではない。善悪に気づき、善のよさや悪の醜さを感じ取り、善なることを行おうと心が動かされる感情である。この部分がしっかりはぐくまれていないと、考えることや行動することが善に向かわないことも起こる。道徳的心情がはぐくまれることによって人間らしい道徳性が身につくといえる。

　この道徳的心情は、当然のことながら何が善で何が悪かという認識レベルと密接にかかわる。また、道徳的実践意欲や態度とも密接にかかわる。ある意味では、道徳的心情の高まりが道徳的実践意欲や態度であるということもできる。

　道徳的判断力は、単なる善悪の判断をする力ではない。人間としてどのように対処すべきかをさまざまな状況下で判断する力である。善悪の判断は、人間理解とかかわらせてとらえることが大切なのである。人間愛がベースにあって、的確な道徳的判断ができるといえる。なお、道徳的価値の自覚という言葉もきわめて重要である。道徳授業の特性を端的に表している。一言でいえば、道徳的価値に照らして自分を見つめ課題追究の意欲を高める、というように考えられる。そのことをもう少しわかりやすく説明する必要がある。

　さらに、「道徳の時間」の特性として補充、深化、統合がある。確かに「道徳の時間」の特性（道徳教育の要）を表しているが、厳密に考えるとなかなか難しい。この意味は、他の教科等における道徳教育と同じことを行っていたのでは「道徳の時間」とはいえない、それらの道徳教育を発展的に指導する時間である、とい

うことをより具体的に述べていると考えられる。また、当然道徳の時間の学習は授業後の各教科等の授業の中に影響を与えているが、この言葉からは受け取れないという指摘もある。そういう部分も押さえた表現に改善する必要がある。

　また、「特別の教科　道徳」は、特別活動における道徳的行為や習慣に関する指導、各教科におけるそれぞれの特質に応じた道徳的指導、総合的な学習の時間における体験的な学習活動を通しての道徳的指導などと関連をもたせた指導を行うといったように具体的に示した方がわかりやすい。

(3)　発達段階ごとに目標、内容、内容の取扱いを示す
　「特別の教科　道徳」の趣旨を理解し、指導の充実を図るには、目標や内容、方法、内容の取扱いを学年段階に合わせて記述する必要があるのではないか。そこには全体に共通するものと学年段階独自のものが記載されるが(社会科のようにそれぞれの学年段階や学年ごとに目標、内容、内容の取扱いを設け、最後に全体にかかわる指導計画の作成と内容の取扱いを設ける)、発達段階に応じた指導をより具体的にイメージでき、指導が充実されていくと考えられる。また、目標、内容、内容の取扱いを学年段階ごとに示すことによって、各教科等との関連をもたせた指導もより具体的に明記できる。発達段階を踏まえた指導として、小学校の高学年や中学校においては、年間授業時数を増やすことも検討する必要がある。

4．道徳教育の内容について

　現行の教育課程では、道徳教育は全教育活動でそれぞれの学習活動の特質に応じて行われ、それらの要の時間として「道徳の時間」が位置づけられている。この構図は「特別の教科　道徳」が設置されても変えてはいけない(「道徳の時間」が「特別の教科　道徳」になる)。したがって、「道徳の内容」は、全教育活動で行われる道徳教育の内容であり、その要である「道徳の時間」の指導内容でもある。それが一緒になっているので、「道徳の内容」からは「道徳の時間」の特徴が見えてこない。現行では、「道徳の時間」の目標の記述によって、それらの内容項目

の「道徳の時間」ならではの指導方法が規定されている。「道徳の時間」の目標と「道徳の内容」を合わせてみれば理解できるのであるが、その記述を明確にしておく必要がある。それに合わせて各教科や特別活動、総合的な学習の時間、日常生活等における指導方法についても記述しておくといっそうわかりやすい。

　また、「道徳の内容」は、指導内容というより指導目標と考えられる。道徳教育は基本的な道徳的価値について学ぶが、それぞれの道徳的価値の学習においてどのような状態に指導していけばよいのかが示されているととらえられる。これらは、道徳教育の目標にある道徳性の育成の具体を述べていることになる。そのことも明記する必要がある。また、各内容項目についてカッコ書きで特に留意すべきことを書いてはどうか（到達目標的な意味合いも込めて）。

　さらに、「特別の教科　道徳」の「内容」の記述においては、どのような道徳的価値を学ぶのかだけではなく、それらの根底になる、例えば、自分を見つめる力の育成とか、相手の立場に立って考える力の育成とか、道徳的事象に対して多面的に考える力の育成とか、人間についてさまざまな側面から考える力の育成などについても示していく必要がある。

　指導内容が四つの視点ごとに発達段階を考慮して段階的に示される現行の方法は、そのまま踏襲してよいと思われる。ただし、説明が必要である。まず、これらの視点が何を意味しているのかがわかるようにする。特に児童・生徒たちが社会で自律的に生きていくためには、これらのかかわりを主体的にかつ豊かにもてるようにすることが必要であり、そのために大切な道徳的価値が発達段階に即して示されていることを明確に示す。そして、それぞれの指導内容は、まず位置づけられている視点にかかわって価値の自覚を深める指導を行い、結果的には各視点を超えて、それらが児童・生徒たち一人一人の生き方の基盤に位置づき発展させられるような指導を求めていること、また、後の段階で出てくる内容項目は前の段階において芽吹かせる指導が行われていること（全教育課程を通して）が前提としてあること、さらに、学校や児童・生徒の実態に応じて他の学年段階の内容項目を加えることができること、などをわかりやすく示す必要がある。

2 懇談会は「特別の教科 道徳」をどう設計したか

貝塚　茂樹

1．なぜ道徳教育の充実が必要なのか

　2012(平成25)年3月に文部科学省に設置された「道徳教育の充実に関する懇談会」(以下、懇談会と略)は、合計10回の審議を行い、「今後の道徳教育の改善・充実方策について(報告)─新しい時代を、人としてより良く生きる力を育てるために─」(以下、「報告」と略)をまとめた。「報告」は、同年12月26日に鳥居泰彦座長から文部科学大臣に手渡され、道徳の教科化の具体的な制度設計は、中央教育審議会の特別部会において審議されている。

　「報告」はまず、道徳教育には、体系的な指導によって道徳的な価値に関わる知識・技能を学び教養を身につけるという従来の「教科」に共通する側面と同時に、自ら考え、道徳的行為を行うことができるようになるという人格全体に関わる力を育成するという側面をもっていると整理する。その上で「報告」は、その双方の側面からより総合的な充実を図ることが今後の課題であるとしながら、道徳教育のいっそうの充実を図るために、「道徳の時間」を「特別の教科　道徳」(仮称)として新たに設置することを提言した。

　学校教育法施行規則や学習指導要領において「特別の教科　道徳」(仮称)と位置づけることによって、その目標・内容をより構造的で明確なものとするとともに、学校の教育活動全体を通じて行う道徳教育の要としての性格を強化し、各教科等における指導との役割分担や連携の在り方等を改善することが期待できる、というのが「報告」の意図であり結論である。

　具体的に「報告」は、道徳教育は自立した一人の人間として人生を他者ととも

によりよく生きる人格の形成を目指すものであるとした上で、教育の根本に道徳教育が据えられるべきものであるとする。しかし、現在の学校は、道徳教育の理念の共有や教師の指導力など多くの面で課題が存在している現状にあり、本来の道徳教育の「期待される姿には遠い状況にある」。そしてこの背景には、社会の中に道徳教育に対する「アレルギーともいうべき不信感や先入観が存在しており、そのことが道徳教育軽視の根源にある」というのが「報告」の指摘である。

　この点については具体的に、「道徳教育の目指す理念が関係者に共有されていない」「教員の指導力が十分でなく、道徳の時間に何を学んだかが印象に残るものになっていない」「他教科に比べて軽んじられ、実際には他の教科に振り替えられていることもある」などの懇談会での意見も「報告」に盛り込まれた。

　今後の社会においては、道徳教育は人間教育の普遍的で中核的な構成要素であるとともに、その充実は今後の時代を生き抜く力を一人一人に育成する上での緊急な課題である。こうした道徳教育の現状を改善し、現行の「道徳の時間」が学校の教育活動全体で行う道徳教育の「要」としての役割を果たすためには、教科化による制度的な変革が必要となるというのが「報告」の基本的な立場である。

　いうまでもなくここには、グローバル化や情報通信技術の進展などの状況に対応するためにも、「一人一人が自らの価値観を形成し、人生を充実させるとともに、国家・社会の持続可能な発展を実現していくこと」が必要であり、「絶え間なく生じる新たな課題に向き合い、自分の頭でしっかりと考え、また他者と協働しながら、より良い解決策を生み出していく力」を育成することが不可欠である、という理解が前提となっている。

　つまり「報告」は、これまでの道徳教育に対する「アレルギー」を払拭し、人間としての在り方に関する根源的な理解を深めながら、社会性や規範意識、善悪を判断する力、思いやりや弱者へのいたわりなどの前提となる「人間として踏まえるべき倫理観や道徳性」を育成することを強く求めたのである。

2. 道徳教育をどのような方向に改善するのか

(1) 道徳教育の目標について

　「報告」は、道徳教育を改善するためには道徳教育の目標や内容、指導方法、教材、教員の指導力向上の在り方、さらには教育課程における位置づけに関して抜本的な改善・充実を図る必要があるとした。

　まず「報告」は、道徳教育が今後も「学校の教育活動全体を通じて行う」という学習指導要領の考え方は重要であり、「引き続き維持していくことが適当である」とした。しかし、一方で「報告」は、学習指導要領の目標が、「総花的な記述の羅列となっている」「道徳教育の目標である道徳性を養うことと、道徳の時間の目標である道徳的実践力（内面的資質）の育成との関係が、教師を含む関係者に十分に理解されていない」「道徳の時間とそれ以外の各教科等とを関連付けた指導が行われにくく、道徳教育の要であるはずの道徳の時間が効果的に活用されていないことがある」などの問題点を指摘した。

　これらを踏まえて「報告」は、道徳教育の目標とその要である「道徳の時間」の目標とを見直し、わかりやすい記述に改めるとともに、「その相互の関係をより明確にすることができるよう、学習指導要領を改訂すること」を求めた。

　また、懇談会では、「内面的資質としての道徳的実践力が強調されるあまり、道徳教育における実践的な行動力等の育成が軽視されがちな面がある」ことがたびたび指摘され、この点は多くの委員に共有された。「報告」が、「児童生徒の内面を育てること、さらにその内面の力によって自発的・自律的に道徳的な行為ができるようにすることが重要である」とし、「内面的な『道徳的実践力』を育成することにより、将来の具体的な行為としての『道徳的な実践』につながるようにすることを明確に意識して取り組むこと」を求めたのはその反映である。

　具体的に「報告」は、「道徳の時間」と各教科、総合的な学習の時間、特別活動、外国語活動との関係を整理し、「補充・深化・統合」の具体的な方法を明確化することが大切であるとした上で、子ども一人一人の発達段階を踏まえた目標

の示し方を改善をすることで、「道徳の時間」が道徳教育の要としての中核的な役割を強化する必要性を強く求めた。

⑵　道徳教育の内容、指導方法、評価について
　「道徳的な実践」を重視する方向性は、教育内容と指導方法についての見直しを求めるものとなっている。まず、道徳教育の内容について「報告」は、「児童生徒の発達の段階や児童生徒を取り巻く環境の変化などに照らし過不足はないか、児童生徒の日常生活や将来にとって真に意義のあるものとなっているかについて改めて必要な見直しを行い、学習指導要領を改訂する必要がある」としている。
　また「報告」は、発達の段階ごとに特に重視すべき内容や共通に指導すべき内容を精選し、これまで以上に明確化を図ることなどを検討するよう求めている。特にここでは、「いじめの防止や生命の尊重」「多様な人々が共に生きていく上で必要な相互尊重のルールやマナー、法の意義を理解して守ること」「グローバル社会の中での我が国の伝統文化といったアイデンティティに関する内容や国際社会とのかかわり」など、今後の社会において特に重要と考えられる内容の示し方について特に留意する必要があるとした。
　いうまでもなく道徳教育の内容は、指導方法の改善とも不可分の関係にある。この点で「報告」は、①「児童生徒の発達の段階をより重視した指導方法の確立、普及」、②「道徳的実践力を育成するための具体的な動作等を取り入れた指導や問題解決的な指導等の充実」、③「各学校における『道徳教育の全体計画』『道徳の時間の年間指導計画』の実質化、道徳の時間と各教科との関連付けの強化」の三点を提言した。
　まず、①について「報告」は、児童生徒の発達段階を踏まえ、人として生きる上で必要な基本的な道徳的価値の理解や社会生活上のマナーを習得する段階から、「道徳的価値それ自体の意義や普遍性などについて多様な角度から考えを深め、実生活をいかに生きるかを模索させる指導に重点を置く段階へとその内容を発展させていくことが重要」であるとした。そして、今後の道徳授業では、「多角的・批判的に考えさせたり、議論・討論させたりする授業を重視する」とともに、

「児童生徒の思考力・判断力・表現力等を育むための言語活動を取り入れた指導を更に充実・強化していく必要」を強調している。これは、自分自身が社会を構成する一員としての主体的な生き方に関わる教育（いわゆるシチズンシップ教育）の視点の重要性を指摘したものでもある。

また「報告」は、これまでの道徳授業が、ともすれば読み物資料の主人公の心情を理解させることに傾斜しがちであったことを反省し、「より現代的で児童生徒の実生活に即したテーマの素材や、特に小学校高学年や中学校では、現実社会で顕在化している生命倫理や情報倫理、環境問題など、多様な価値観が引き出され考えを深めることができるような素材ももっと積極的に活用されるべきである」と提言した。

②については、「道徳実践力」を効果的に育成し、将来の「道徳実践」につなげる方向性を明確にしている。そのための具体的な方法として「報告」は、「児童生徒に特定の役割を与えて即興的に演技する役割演技（ロールプレイ）や、実生活の中でのコミュニケーションに係る具体的な動作や所作の在り方等に関する学習、問題解決的な学習などの動的な活動がバランス良く取り入れられるべきである。この場合、他教科等や家庭・地域における体験活動や表現活動、問題解決的な学習等を、道徳の時間においてより効果的に補充、深化、統合する方策についても検討する必要がある」と提言した。

こうした活動等を取り入れた指導によって、道徳教育で学んだ内容が児童生徒の今ある人間関係の改善に役立ち、「人生を幸せにより良く生きようとする意欲を育てる上でも大きな意義がある」というのが「報告」の理解である。

さらに③に関しては、ほとんどの学校で「道徳教育の全体計画」「道徳の時間の年間指導計画」が作成されているが、現状では「そこに定められている重点目標や内容が形式的なものにとどまっている学校も多く、本来求められる成果を生み出しているとは言い難い」と批判した。こうした状況を改善するためには、校長や道徳教育推進教師等による実質的な「道徳教育の全体計画」の作成と「道徳の時間の年間指導計画」等とが有機的に関連づけながら実施することが必要であるとした。さらに「報告」は、「これらの計画の作成・実施に当たっては、家庭

や地域との連携を深めることが重要であり、各学校は、保護者や地域の人々の主体的な参加や協力が得られるよう、積極的に働きかける」べきとしている。

　加えて、「特別の教科　道徳」(仮称)について大きな関心となっているのは評価の問題である。評価について「報告」は、「数値による評価を行うことは不適切」であるとする一方で、「児童生徒の成長の振り返りや指導計画・指導方法の改善のためにも評価は重要」であるとし、「教師と児童生徒の温かな人格的な触れ合いなどに基づく共感的な理解の下、児童生徒のよい点や進歩の状況などを積極的に評価するとともに、児童生徒が自らの人間としての生き方についての自覚を深め、人間としてより良く成長していくことを支える評価となる」ことを求めた。

　具体的には、例えば指導要録の中に「児童生徒の学習の様子を記録し、その意欲や可能性をより引き出したり、励まし勇気付けたりするような記述式の欄を設けることや、指導要録の『行動の記録』の欄をより効果的に活用する方策など、道徳教育の目標や内容を踏まえながら、その特性を生かした多様な評価の方法について検討すべきである」とした。

3．道徳教育の改善・充実のためにどのような条件整備が必要か

(1) 教材・教科書について

　「特別の教科　道徳」(仮称)において「報告」は、検定教科書の導入が適当である、とした。その理由は、「どの学校また、どの教員によっても、一定水準を担保した道徳の授業が実施されるようにするための質の高い教材が必要である」と同時に、出版社の切磋琢磨による質の向上が期待できるためである。

　検定教科書の制度設計に当たって「報告」は、「民間発行者の創意工夫を最大限生かすとともに、政治的中立性や宗教的中立性に配慮しつつ、バランスのとれた多様な教科書を認めるという基本的観点に立ち、検討を行うべきである。児童生徒の多角的・批判的な思考力・判断力・表現力等の発達の観点等に十分配慮した創意工夫ある良質な教科書が作成されることを期待したい」と述べた。

また、「報告」は、検定教科書が使用される場合でも『私たちの道徳』をはじめ、教育委員会・学校や民間等の作成する多様で魅力的な教材が併せて活用されることが重要であるとした。同時に、検定教科書の作成に当たっては『私たちの道徳』のよさが引き続き生かされることが必要であるとした。

(2) 教員の指導力向上と家庭・地域社会との連携について

　「報告」は、「特別の教科　道徳」(仮称)においても引き続き学級担任が授業を行うことを原則とするとしながら、道徳教育に優れた指導力を有する教員を「道徳教育推進リーダー教師(仮称)」として加配配置し、地域単位での道徳教育を充実することを求めた。同時に、管理職・教員の意識改革や資質・能力の向上を図るための研修や、教育委員会担当者や道徳教育推進教師等に対する研修を充実すること、授業改善のための校内研修を充実することを提言した。

　また「報告」は、大学の教員養成課程におけるカリキュラムの改善、現行では2単位となっている「道徳の指導法」の履修単位数を一定程度増加させることや教育実習での道徳教育の実地経験の充実も検討すべきであるとしている。さらに、各大学には道徳教育を充実させた専攻や道徳教育コースの設置などの積極的な取り組みを求め、大学と教育委員会との連携・協働による実践的なカリキュラムの改善、学校現場での指導経験のある教員の採用などの取り組みを求めるとともに、道徳教育の専修免許制度等の活用と充実を求めている。

(3) 家庭・地域社会との連携

　懇談会では、学校と家庭、地域社会との連携の必要性が繰り返し議論された。「報告」では、道徳教育の本質やその実現のための方法論が、教育関係者の間でも十分ではないとした上で、これが家庭・地域社会との連携を妨げてきたと指摘した。学校における道徳教育の改善・充実を実効あるものとするためには、家庭・地域社会との連携が必要であることを「報告」は強調した。

　「報告」は、「例えば、保護者や地域の人々等に対し、学校の道徳教育の方針や計画等について積極的に情報提供し、それぞれの役割について理解を求めた上で、

学校支援地域本部や学校運営協議会等の仕組みも活用しつつ、道徳の時間の授業の企画や指導に保護者や地域の人々に参加してもらうことや、情報倫理や環境問題等の現代的な課題について学び考える場を学校と地域全体とで共有するなどの取組を積極的に推進すべきである」と提言している。

　最後に「報告」は、「道徳教育は、人が互いに尊重し合い協働して社会を形作っていく上で共通に求められるルールやマナー、規範意識などを身に付けるとともに、人間としてより良く生きる上で大切なものとは何か、自分はどのように生きるべきかなどについて、一人一人が考えを深めることをねらいとしている。このことを通じて、自立した一人の人間として、人生を他者とともにより良く生きる人格を形成することを目指すものである」と述べ、次のように結んだ。

> 　道徳は、社会を持続させ、発展させるためにも不可欠のものである。特に、科学技術の急速な発展をはじめとする今後の変化の激しい時代を生きる上で、一人一人が自分の中に堅固な倫理観や道徳性を持つことが一層重要となっている。これは、子供たちだけでなく、今を生きるすべての大人にとっての、また、社会全体にとっての課題である。(中略)
> 　本報告を契機として、直接児童生徒の教育に関わる立場にあるか否かを問わず、社会を構成するすべての人が、道徳について改めて考えを深めるとともに、自らの生きる姿を自信を持って子供たちに示すことができるよう、それぞれの立場でできること、やるべきことに具体的に取り組まれることを期待したい。

〈参考文献〉
- 貝塚茂樹(2014)「これからの『道徳教育』がめざすべき方向性とは何か」『教職研修』第499号、2014年3月号、教育開発研究所
- 貝塚茂樹(2014)「今後の『道徳教育』改善の検討課題とは何か」『教職研修』第499号、2014年3月号、教育開発研究所

3 「特別の教科 道徳」をどう位置づけするか

柳沼 良太

1. 道徳教育を位置づけ直す経緯

　道徳教育の改革がいよいよ本格的に始動し、道徳の教科化がより現実的な議論に入ってきた。本節では「特別の教科　道徳」を教育課程においてどう位置づけるかを検討することになるが、その前にこれまでの経緯を簡単に確認しておきたい。
　まず、教育再生実行会議が2013（平成25）年2月に「いじめ問題等への対応について」と題する第一次提言を行い、「道徳教育の重要性を改めて認識し、その抜本的な充実を図るとともに、新たな枠組みによって教科化」することを求めた。その中でさらに具体論に踏み込んで、「道徳の教材を抜本的に充実するとともに、道徳の特性を踏まえた新たな枠組みにより教科化し、指導内容を充実し、効果的な指導方法を明確化する。その際、現行の道徳教育の成果や課題を検証するとともに、諸外国における取り組みも参考にして、丁寧に議論を重ねていくことを期待する」とも述べている。
　こうした提言も踏まえ、文部科学省に設置された「道徳教育の充実に関する懇談会」（以下、「懇談会」と略）では、2013（平成25）年12月の最終報告において、「道徳教育の充実」が「いじめ問題の解決だけでなく、我が国の教育全体にとっての重要な課題である」ことを示した。そして、「道徳教育が学校の教育活動全体の真の中核としての役割を果たすよう、早急に抜本的な改善・充実を図ることが必要」であると提言した。
　この報告を受けて中央教育審議会では「道徳に係る教育課程の改善等について（諮問）」を受け、2014（平成26）年3月から「教育課程における道徳教育の位置付

け」や「道徳教育の目標、内容、指導方法、評価」について具体的な方策を検討する段階に入った。

このように道徳教育は「いじめ問題等への対応」も含めて「本質的な問題解決」に向かうよう求められ、その核となる「特別の教科　道徳」は実効性のあるものに改善するよう求められた。以上のような経緯から、「特別の教科　道徳」を教育課程においてどう位置づけるべきかが問題となってきたのである。

2．「特別の教科　道徳」をどう位置づけるか

(1) 「道徳の時間」の位置づけ

はじめに、現行の「道徳の時間」が教育課程においてどう位置づけられているかを確認しておこう。現行の学校教育法施行規則では50条と72条において、小・中学校の道徳の時間は、次のように位置づけられている。

50条　小学校の教育課程は、国語、社会、算数、理科、生活、音楽、図画工作、家庭及び体育の各教科、道徳、外国語活動、総合的な学習の時間並びに特別活動によつて編成するものとする。

72条　中学校の教育課程は、国語、社会、数学、理科、音楽、美術、保健体育、技術・家庭及び外国語の各教科、道徳、総合的な学習の時間並びに特別活動によつて編成するものとする。

先の「懇談会」では教育課程上の位置づけについて、以下のような趣旨の提言をしている。

> 道徳の時間は、その創設以来、教育課程において教科とは位置付けられてこなかった。一方で、道徳の時間は、その特性として、学習指導要領に示された内容に基づき、体系的な指導により道徳的価値に関わる知識・技能を学び教養を身に付けるという従来の「教科」と共通する側面と、それらも踏まえて、自ら考え、道徳的行為を行うことができるようになるための道徳性といういわば人格全体に関わる力の育成を行う側面を有しており、今後、その双方の側面からより総合的な充実を図ることが課題となっている。(中略)

これらを踏まえ、道徳の時間をその特性を踏まえた新たな枠組みによる「特別の教科　道徳」(仮称)として制度上明確に位置付け、充実を図ることなどについて、文部科学省においてより専門的な検討を進め、学校教育法施行規則の改正や学習指導要領の改訂等に早期に取り組むべきである。

　これまで「道徳の時間」は、学校の教育活動全体を通じて行う道徳教育の「要」であるとして表記上は重視されてきたが、実際のところは、「教科」以外の一「領域」として軽視されてきたところもある。しかし、教育基本法１条にあるように、教育の目的は「人格の完成」であり、その目的を実現する上で最も重要な役割を果たすのが道徳教育であり、その中核となる教科が「道徳の時間」である。それゆえ、これまで領域の一つにすぎなかった「道徳の時間」から、教科の一つである「特別の教科　道徳」へと形式的に「格上げ」するだけでは不十分である。それでは、学校教育法施行規則や学習指導要領の記述において、道徳がただ各領域の先頭から各教科の末端に付け替えられるだけで、所期の目的を果たすことにはならない。むしろ、「特別の教科　道徳」は、道徳教育の要であり中核であるという意味合いを出すためにも、道徳を各教科の先頭に位置づけるなどの手立てが必要になるだろう。

(2)　「各教科」と「特別の教科　道徳」との相違点と類似点
　道徳の時間が「特別の教科　道徳」となる場合、各教科と類似点もあれば相違点もある。まず、「特別の教科」といわれる理由として相違点から見ていこう。
　「各教科」との違いは、「特別の教科　道徳」の場合、現行の「道徳の時間」と同様に、学校の教育活動全体を通して行う道徳教育の要となり、各教科などと関連をもたせて計画的・発展的に指導する点にある。また、「特別の教科　道徳」は、文部科学省が作成した『私たちの道徳』をはじめ、検定教科書(教科用図書)を使用することになるが、学級担任の教師が道徳授業を担当すること、当該教科の教員免許状がないこと、及び「数値による評価(評定)」をしないことで各教科と決定的な違いがある。
　今後、各教科と同レベルの指導をするためには、①道徳でも中学では「専門免

許」を創設すること、②数値によらない絶対評価（丸印や所見での評価）を行うこと、③教員養成課程では道徳教育関連科目や研修を大幅に増やし、「道徳を専門とする教師」や「道徳授業に自信のある教師」を養成すべきである。

　なお、「特別の教科　道徳」（仮称）だと、「標準的な教科になりきれない中途半端な教科」という印象も残る。そこで、道徳教育の要であり、その中核的な教科であるという意味合いを打ち出すために、「要の教科　道徳」あるいは「中核の教科　道徳」という表記も考え、コア・カリキュラムを設計することも考えられる。

　以上のように、「特別の教科　道徳」と各教科との相違点を強調するだけでなく、両者の類似点も積極的に考えるべきである。なぜなら、各教科との類似点を重視することが、現行の「道徳の時間」から「特別の教科　道徳」へと移行する本来の意義を明確にするからである。

　教科の目的は、ある内容を指導することによって何かができるようにすることである。より具体的にいえば、系統的に組織化された文化内容（単元・領域）を指導することによって専門的な資質・能力を育成することである。近年では文部科学省でも、「育成すべき資質・能力を踏まえた教育目標・内容と評価の在り方」を重視している。それゆえ、教科の定義は、単に文化内容だけでなく、能力形成とセットで提示される必要がある。道徳を教科化するのであれば、道徳的内容を指導することによって、道徳的実践力を育成することが肝心になる。まずこの基本原理を念頭に置くべきである。

　次に、道徳も教科になるのであれば、各教科と同様に、道徳教育に関する認知的側面、情意的側面、行動的側面をバランスよく指導するべきである。現行の「道徳の時間」では、道徳的心情や態度など情意的側面ばかりを偏重する傾向にある。それに対して「特別の教科　道徳」では、道徳に関する基礎・基本の知識や技能を習得するという「基本的な認知的側面」、道徳的問題を自ら考え主体的に判断し解決するという「応用的な認知的側面」、さらには道徳的に行動し習慣を形成するという「行動的側面」についても重視すべきである。

　このように「特別の教科　道徳」では、各教科と同様に、道徳に関する認知的

側面、情意的側面、行動的側面を計画的かつ系統的に指導することで、教科としての基本構造を確立することができる。

(3) 「道徳の時間」から「特別の教科　道徳」へ引き継ぐ部分と変える部分

「引き継ぐ部分」は、「特別の教科　道徳」になっても学校の教育活動全体で行う道徳教育と関連し、「道徳教育の要」となる機能をもつことである。「変えていく部分」は、道徳の目標、指導内容、指導方法、評価方法である。現行の「道徳の時間」の形骸化を克服し、実効性のある教科とするために、具体的な道徳教育の目標、指導内容、指導方法、評価までを一体化して再構成する必要がある。

現行の「道徳の時間」の目標は、一般的かつ抽象的な方向を示す「方向目標」になりがちであり、できるのが望ましい内容を示しているに過ぎない。そのため、その目標を道徳授業でどれほど達成したのかがわかりにくい上に、実生活の道徳的行為や習慣に移すことが難しく、それを評価することも困難である。それよりも、行動の水準まで具体化された「行動目標」として設定することで、道徳授業でどれほど達成できたかを把握し、実生活での道徳的行為や習慣につながるように配慮し、妥当性や信頼性のある評価を可能にするように修正すべきである。そうした実践可能な目標に応じて授業の指導内容や指導方法も順に改良していくことが望まれる。

3．「特別の教科　道徳」の実施率を上げる手立て

今後、道徳が教育課程において特別教科として位置づけられ、学校現場で義務意識が高まったとしても、それだけで実施率が飛躍的に高まるとは限らない。文部科学省で行っている道徳教育実施状況調査（平成24年度実施）によれば、「道徳の時間の平均授業時数」は、小学校で35.7時間、中学校で35.1時間である。この調査結果だけ見れば、道徳の時間は計画通りに毎週必ず実施されていることになり、理想的である。しかし、これは学校の年間指導計画（時間割）上の形式的な時数にすぎず、実際は「道徳の時間」が他の教科や学級活動（学校行事）などに振り替え

られていることも多いため、実施率はかなり低い状況にある。こうした調査と実態の乖離を埋めるためには、どのような手立てが具体的に考えられるだろうか。

　第一に、道徳の授業について信頼性と妥当性のある評価を導入して、それを指導要録に記入するとともに、教育委員会にも報告し、それを文科省の実施状況調査にも反映させるようにする。その際、診断的評価（事前の評価）、形成的評価（途中の評価）、総括的評価（終わりの評価）を定期的に行うと実効性も高まる。

　第二に、大学の教員養成課程において道徳の専門免許を出して、道徳教育を専門とする教師を養成する。そのために教員養成課程では道徳教育関連科目や研修を大幅に増やし、すべての学級担任が「特別の教科　道徳」を実施できるだけの資質と能力を確実に養成する。また、校長が道徳教育の充実や道徳授業の改善について理解を深めるよう、校長就任の事前研修や校長研修には道徳教育の研修を取り入れる。

　第三に、道徳教育推進教師の役職を主任クラスに格上げし、道徳教育で実質的にリーダーシップを発揮できる教師に任命する。その際、道徳教育推進教師に特別手当をつけるとともに、教員の加配措置を取って道徳教育を推進するための十分な時間を確保する。こうすることで道徳教育推進教師が実際に学校の道徳教育全体をファシリテートするとともに、学校と家庭や地域との連携・協力をコーディネートできるようになる。また、各県に設けられる道徳教育推進リーダー教師が各校を訪問指導したり研修の機会を設けたりして、広域で連携・協力した道徳教育体制を構築する。

　以上のように、「特別の教科　道徳」を適切に位置づけたあとで、各学校の校務分掌や研修制度、及び大学や教育委員会の研修制度を整え、次節で示す道徳教育の計画と連動させて設計し直すことが重要になる。

〈参考文献〉
- 文部科学省(2014)「育成すべき資質・能力を踏まえた教育目標・内容と評価の在り方に関する検討会―論点整理―について」平成26年3月31日
- 押谷由夫(2014)「中教審道徳教育専門部会の議案に関する意見」　教育課程部会　道徳教育専門部会(第2、3回)提出資料、平成26年4月11日、4月25日

4 「特別の教科 道徳」をどう計画するか

柳沼 良太

1．道徳教育の計画に関する諸課題

　我が国の道徳教育は、従来から教育課程を綿密に計画して、指導の目標や内容を系統的に示してきた。道徳の計画としては、大本になる「道徳教育の全体計画」があり、それを実行に移すための「道徳の時間の年間指導計画」があり、それを学級ごとに具体的に示す「学級における年間指導計画」がある。しかし、こうした道徳教育の全体計画が形骸化しがちであり、そこで定められている重点目標や内容も実効性のないことが危惧されている。

　近年では、上述した計画の３点セットは、ほぼすべての小学校・中学校において整備されている。道徳教育実施状況調査(平成24年度実施)によれば、「学校の教育活動全体を通じた道徳教育の全体計画を作成していますか」という問いに対して、小学校では99.3％、中学校では99.3％が「作成している」と回答している。また、「道徳の時間の年間指導計画を作成していますか」という問いに対して、小学校では99.6％、中学校では99.7％が「作成している」と回答している。また、学年ごとに各教科等と道徳教育の関連性を詳細に示す「別葉」も普及してきている。こうした道徳の全体計画が全国的に整備されていながらも、なぜ道徳の計画は形骸化し、機能不全を起こしてしまうのか。

　第一の理由として、こうした計画は年度初めに(実際には前年度末の３月頃に)道徳教育推進教師や道徳主任によって計画されるが、それを各担任教師が十分理解していなかったり、計画通りに道徳の時間を実施していなかったりするからである。「道徳の時間」が時間割に明記され、全体計画や年間指導計画が示されてい

ても、実際にその通りに実施するか否かは、担任教師の自由裁量に任されている。仮に担任教師が道徳授業の実施を怠っても、それが職務規定に触れたり道徳教育実施状況調査に反映されたりすることはない。

　第二の理由として、従来の道徳教育や道徳授業の計画を実施しても、数値などによる評価をしないため、子どもの道徳性や道徳的実践力をどれほど育成したかがわからないためである。道徳教育や道徳授業の成果を実感できなければ、取り組む意欲が低下してしまうのは当然である。また、道徳教育の計画は立派に掲げられていても、それを実現するための指導内容・指導方法・評価が効果的でなければ、十分な効果を上げることはできないだろう。

　こうした諸課題を打開するために、道徳教育の充実に関する懇談会では、道徳教育の計画に関して次のような趣旨で4点ほど提言している。

> ①「道徳教育の全体計画」や「道徳の時間の年間指導計画」を実効あるものとして活用する。②道徳の時間と各教科、総合的な学習の時間、特別活動等との学習を明確に関連づけ、効果を高める。③校長や道徳教育推進教師のリーダーシップによる実質のある「道徳教育の全体計画」を作成し、「道徳の時間の年間指導計画」等と有機的に関連づけながら授業を実施する。④これらの計画の作成・実施に当たっては、家庭や地域との連携を深め、保護者や地域の人々の主体的な参加や協力が得られるよう働きかける。

2．道徳の計画の在り方を考える

　道徳教育の計画を実質化するためには、以下の5点に留意する必要がある。

(1) 道徳教育にPDCAサイクルを導入

　まず、道徳教育においてもPDCAサイクルを導入する。つまり、道徳教育と道徳授業に関する計画を立て(Plan)、それに基づいて教育や授業を実施し(Do)、その効果について検証や省察を行って評価し(Check)、その結果を踏まえて改善する(Action)というサイクルを行い、目標を確実に達成できるようにする。

もちろん、従来の道徳教育も、全体計画や年間指導計画(Plan)を立て、それを学校の教育活動全体や道徳の授業で実施(Do)し、年度末には評価(See)してきた。しかし、これはまだPDSサイクルにすぎず、十分な評価(See)や改善(Action)が行われていないことが多い。それゆえ、道徳教育は前年度と同じ計画をほぼそのまま踏襲したり、一部だけ修正したりするだけで使い回されることが多い。そこでは、仮に道徳教育の計画が実施されず、子どもの道徳的資質・能力を育成できなかった場合でも、補習も行われず、次の学期や学年に進んでしまうことになる。

　そこで、道徳教育でも「確かな道徳性(道徳的実践力)」の発達を保障するために、計画の実施状況や目標の実現状況を評価すべきである。そして、もしこのPDCAサイクルが機能不全を起こしていれば、効果的に機能するように改善し、道徳教育をやり直す必要がある。

(2)　計画と評価の関係

　道徳教育の目標に関する評価は、年度の最後(2月から3月頃)に形式的に行われるのが一般的だが、この時期に全体を評価しても学期中の改善にはほとんど活かせないのが実情である。それゆえ、道徳教育の計画では、年度の終わりに総括的評価をするだけでなく、事前の診断的評価や途中の形成的評価を取り入れることが重要である。

　具体的にいえば、道徳教育の計画は、まず、「事前」に学校や子どもの実態を調査して理解した上で具体的な教育目標を立てる。次に、年度の「途中」にいくつかの経過地点で指導によって目標が実現しているかを評価し、部分的に計画を修正する。そして年度の最後になる「事後」に道徳教育の目標全体の実現状況を評価することになる。特に、重点的目標や今日的課題については、年度の「途中」で計画を形成的評価することで、計画を検証・省察し、適宜改善を図って目標を実現させることが大事になる。

　道徳教育でも最終的にもたらされる結果からさかのぼって道徳教育を計画する必要がある。つまり、道徳教育でどのような評価をするかを見据えた上で、道徳教育の計画を「逆向き設計」するのである。

(3) 目標と指導と評価が一体化した計画

　道徳教育の目標は、学習指導要領に関連づけられ、一般的で抽象的な目標（方向目標）で示されている。そのため、道徳の目標は指導方法や評価と一体化しにくい。そこで、道徳教育の目標を子どもの行動レベルに対応させて具体的な目標（行動目標）にして設定する必要がある。

　「道徳の時間の年間指導計画」には、指導内容と指導方法をともに示す必要がある。現行の年間指導計画は、学習指導要領で示される内容項目を計画的かつ系統的に配列しているため、形式的で総花的である。そこで、道徳教育の目標に合わせて、指導内容と多様な指導方法をセットで示し、育成すべき資質・能力を明示することが望まれる。

(4) 総合的な道徳教育の計画

　道徳教育の計画が形式化（形骸化）するのは、子どもの実生活とかけ離れてしまうからである。道徳教育を活性化させるためには、実生活で生きて働く道徳的実践力を養う必要がある。そこでは、道徳授業だけでなく、学校教育全体を通して総合的な道徳教育を計画することが求められる。道徳授業を要として、各教科、総合的な学習の時間、特別活動などと意図的かつ有機的に関連づけ、日常生活のみならず家庭や地域での学習と関連づけ、総合的な道徳教育を構想するべきである。共通した道徳的価値に関する学習内容や重点目標については、「特別の教科　道徳」を中心に、総合単元的な学習活動を計画する必要がある。

(5) 認知的、情意的、行動的側面の計画

　道徳教育の目標である道徳性を育成するためには、道徳に関する知識・技能を習得して、自ら考え主体的に判断するという認知的側面、道徳的心情や道徳的実践意欲・態度をもつという情意的側面、そして道徳

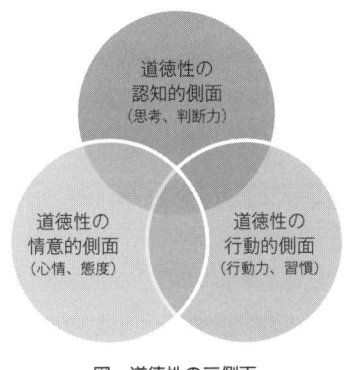

図　道徳性の三側面
（道徳性の認知的側面（思考、判断力）／道徳性の情意的側面（心情、態度）／道徳性の行動的側面（行動力、習慣））

的行動をして道徳的習慣を形成するという行動的側面をバランスよく指導する必要がある。この道徳性の三側面は互いに重なるところもあり、どの側面も不可欠な構成要素である（前ページの図参照）。

　とりわけ、現代的課題として、子どもの自尊感情・自己肯定感を高め、他者への思いやりを深め、規範意識や責任感を高め、豊かな問題解決能力やコミュニケーション能力をつけるために、この三側面の指導を計画に入れるべきである。

3．道徳の計画をどうするか

⑴　「道徳教育の全体計画」をどうするか

　道徳教育の全体計画は、学校の教育活動全体を通して、どのような道徳的内容を指導してどのような道徳的資質・能力を育成するかを計画的、系統的に示す必要がある。

　現行の学習指導要領の第3章3－1⑴には次のように記されている。「道徳教育の全体計画の作成に当たっては、学校における全教育活動との関連の下に、児童生徒、学校及び地域の実態を考慮して、学校の道徳教育の重点目標を設定するとともに、第2に示す道徳の内容との関連を踏まえた各教科、外国語活動、総合的な学習の時間及び特別活動における指導の内容及び時期並びに家庭や地域社会との連携の方法を示す必要があること」。

　道徳教育の全体計画は、前項で示したように、学校全体の教育目標や研究テーマと総合的に関連づけ、子どもの実態を踏まえながら、学校の特色を生かした重点目標を認知的、情意的、行動的側面から設定することが大事になる。校長が基本方針を打ち出し、道徳教育推進教師がリーダーシップを発揮して、目標や指導内容だけでなく、指導方法や評価方法も提示し、どのような資質・能力を育成するかも明確に提示していく。

　こうした全体計画の段階で全教職員や保護者、地域の人々にも協力してもらい、学校の教育活動全体と関連づけるとともに、共通理解を得ながら各自が積極的に参画できるように配慮すると、実効性は高まる。

(2) 「道徳の時間の年間指導計画」をどうするか

　マクロの設計である「道徳教育の全体計画」をより具体化し、指導内容を時期的に配列したものが、「道徳の時間の年間指導計画」である。ここでは毎回の道徳授業が、子どもの発達に即してどのような指導内容をどのような指導方法で行い、どのような評価を行うかまで計画する必要がある。

　現行の学習指導要領の「第3章　道徳」の第3－1(2)には、次のように記されている。「道徳の時間の年間指導計画の作成に当たっては、道徳教育の全体計画に基づき、各教科、外国語活動、総合的な学習の時間及び特別活動との関連を考慮しながら、計画的、発展的に授業がなされるよう工夫すること。その際、第2に示す各学年段階ごとの内容項目について、児童や学校の実態に応じ、2学年間を見通した重点的な指導や内容項目間の関連を密にした指導を行うよう工夫すること。ただし、第2に示す各学年段階ごとの内容項目は相当する各学年においてすべて取り上げること。なお、特に必要な場合には、他の学年段階の内容項目を加えることができること」(下線は引用者)。

　年間指導計画は、系統的かつ発展的に行われるように主題を年間にわたって配列するとともに、季節や各教科等の内容や学校行事に応じて配列する必要がある。ただし、同じような指導内容や方法が連続するとマンネリ化するため多様化を図るべきである。どの時期までにどのような指導内容や指導方法を用いて、どのような資質・能力を養い、どのような評価を行うべきかまで記しておくことが望ましい。

　指導内容は、内容項目に示された道徳的価値をはじめ、今日的課題(いじめ、規範意識など)や重点的課題(自主・自立や思いやりなど)にも配慮し、指導方法とセットで提示する。ただし、留意事項として「各学年段階ごとの内容項目は相当する各学年においてすべて取り上げること」とあるため、小学校低学年で16項目、中学年で18項目、高学年で22項目、中学校で24項目をすべて取り上げなければならない。そのため、道徳授業で年間に取り扱える内容は、おのずと各項目を1、2回となってしまう。さらに、学校行事や学級の課題などに応じて臨機応変に変更することさえ許されないことになる。この一文によって道徳授業の内容が形骸化す

る恐れもあるため、削除か修正する方向で検討し、年間指導計画は各教師が学校の特色や行事、学級の課題も踏まえて柔軟に組織できるようにすべきであろう。

(3) 「学級における指導計画」をどうするか

　最後に、道徳教育におけるミクロの設計として、各学級において道徳授業をどう指導するかについて計画する必要がある。『学習指導要領解説　道徳編』の第4章4節1では、次のように示されている。「学級における指導計画とは、全体計画を児童生徒や学級の実態に応じて具体化するものであり、学級において教師や児童生徒の個性を生かした道徳教育を展開する指針となるものである」。

　年度のはじめに、担任教師は学級づくりの基本方針案（学級経営案）を作成し、子どもの生活実態や学習状況を把握しながら、道徳教育の全体計画や学年の年間指導計画や保護者の願いや教師の願いを基に、「学級における指導計画」を作成する。従来の道徳の時間では、子どもの道徳性や道徳的実践力を評価する必要はなかったため、「学級における指導計画」も形式的に概略を示しておけばよかった。例外的に、道徳の研究授業でのみ抽出児童・生徒を設定して、道徳的心情（や態度）の変化を評価する程度であった。そこで、今後は「特別の教科　道徳」において個々の子どもを認め、励まし、勇気づけるような評価をする観点から、道徳的実践力の発達状況や道徳的行動や習慣の記録を記しておく必要があるだろう。

　特に、子ども一人一人の成長を記録するためには、日々の実生活において子ども一人一人と直接触れ合い観察したり、道徳授業での発言やノートの記述をチェックするだけでなく、実生活に応用された道徳的行為や習慣、あるいは学習の記録を集めたポートフォリオを活用して、場面に応じた個別的な指導を行うことができる。

　また、学級の子どもたちに道徳的な学級目標（例えば、思いやりのある学級）の作成に関わらせ、積極的かつ自主的に学級目標を達成できるように協力し合えるようにする方法も有効である。定期的に子どもが各自の目標に到達できたか、学級目標を達成できたかを評価することで指導の改善にも役立てることができる。

表1　道徳の内容に関すること

内容項目	行動の記録	核心的価値(例)	今日的課題(例)
3　主として自然や崇高なものとのかかわりに関すること	⑦生命尊重・自然愛護		生命倫理 環境保全
4　主として集団や社会とのかかわりに関すること	⑩公共心・公徳心 ⑨公正・公平 ⑧勤労・奉仕	正義 責任	伝統文化、国際理解 規範意識、法教育 福祉教育 家族や集団の一員 シティズンシップ教育
2　主として他の人とのかかわりに関すること	⑥思いやり・協力	配慮 尊重	いじめの防止 情報モラル ルール・マナー教育
1　主として自分自身に関すること	⑤創意工夫 ④責任感 ③自主・自律 ②健康・体力の向上 ①基本的な生活習慣	自律	困難に屈しない心 自尊感情 自律心 アイデンティティの確立

※学習指導要領にある道徳の「内容項目」に指導要録の「行動の記録」を関連づける。
　「行動の記録」を道徳的価値に関連づけ、「核心的価値（コア・バリュー）」に対応させる。
　「内容項目」に「今日的課題」を組み込む。なお、視点の3と4は便宜的に入れ替えてある。

表2　道徳の資質・能力に関すること

	認知的側面		情意的側面	行動的側面
育成すべき資質・能力	道徳的認識力 道徳的理解力	道徳的思考力 道徳的判断力 (道徳的批判力・創造力)	道徳的心情 道徳的実践意欲 道徳的態度	道徳的行動力 道徳的習慣
評価の観点	基礎的認知	応用的認知	①関心・意欲・態度	③技能
	④知識・理解	②思考・判断・表現		
	習得	活用・探究・発展		
指導法	習得的な学習 名言・格言の学習	問題解決的な学習 探究的な学習	心情共感的な学習	体験的な学習 動作化 役割演技 スキル的な学習

※道徳で育成すべき資質・能力を認知的側面、情意的側面、行動的側面に分ける。
　資質・能力を「評価の観点」と関連づけた上で指導法を対応させる。
※表1と表2についての詳細は、第2章の1節から4節において解説する。

5 実践力をはぐくむ道徳授業をつくる

西野　真由美

1．道徳的実践力をめぐる「混乱」

「道徳の時間」の目標である「道徳的実践力」は、『学習指導要領解説　道徳編』において次のように説明されている。

> 道徳的実践力とは、人間としてよりよく生きていく力であり、一人一人の児童が道徳的価値の自覚及び自己の生き方についての考えを深め、将来出会うであろう様々な場面、状況においても、道徳的価値を実現するための適切な行為を主体的に選択し、実践することができるような内面的資質を意味している。

　道徳的実践力は、学んだことを実生活や実社会で生かし、変化の激しいこれからの社会において生きて働く力を育成することを目指しており、まさしく学習指導要領の理念である「生きる力」を体現した目標である。「将来」を意識した学習を想定することで、生涯にわたって学び続ける「自己教育力」の育成も目指されているといえよう。

　しかし、ここで「将来出会うであろう様々な場面、状況においても」と説明されていることが、学校現場にある誤解と混乱を生んできた。例えば、ある教育委員会のパンフレットでは、「道徳的実践力を育成するポイント」として、「道徳の時間が目指すものは、子どもの将来に生きる内面的な資質であり、直近の子どもの行動に資することを目的としていません」、「道徳の時間の指導は、子どもの変容を直接的に求めず、即効性を求めません」と解説されている。

　この説明の趣旨は、教師に性急な効果を求めずに時間をかけて取り組むよう促

すことにあるのだろう。例えば、いじめという行為自体をやめさせる指導が学校の教育活動全体で取り組む道徳教育であるのに対し、「道徳の時間」は、いじめにNoと言える資質を長期的視点に立って計画的に指導する役割を担う。「直近の」変容を「直接的に」求める対症療法的指導にならないように。そう注意を促しているのだろう。

　しかし、こうした説明に課題もあることは、懇談会でも取り上げられている。「報告」では、「内面的資質としての道徳的実践力が強調されるあまり、道徳教育における実践的な行動力等の育成が軽視されがちな面がある」と指摘されている。性急な行動変化を求める授業では内面の変化につながらないという懸念はもっともだが、この「報告」で指摘されているように、道徳的実践力は将来に生きる内面的資質だから現在の行動に結びつかなくてよいかのように理解されるなら、それは「曲解」と言うべきだろう。「力」にはもともと、潜在力と実際に発揮された力という二つの側面がある。「生きる力」や「学力」も内面的な資質・能力を含むものであり、道徳的実践力だけことさらに「内面的」と強調することは、かえって「生きる力」への理解を妨げることになりかねない。

　こうした誤解や混乱が生じた原因は、「道徳の時間」の授業としての特質を学校の教育活動全体における道徳教育から区別し、授業の役割を際立たせようとしたことにあると思われる。「道徳の時間」を教科として位置づけようとする今、改めて道徳教育において授業の果たす役割と意義を明らかにし、その特質を明示することが求められている。

2．道徳授業は何を求めるか

　道徳の授業に躊躇する教師の意識には、「授業をしても子どもが変わらない」という思いや悩みがある。そこに、「変わらなくても大丈夫。直接的な変容を目指しているわけではないから」などと答えてもその悩みは解消しないだろう。そもそも授業とは学びの場である。学びの前後で何も変わらないなら、学習が成立したとはいえない。内面的な小さな変化を大切にしたい思いはわかる。だが、道

徳以外の教科等では、「関心・意欲・態度」を評価の観点としたり、子どもの発言を解釈したりしながら、見えにくい子どもの成長をとらえようとする努力がなされている。学習によって何らかの変化を生みだし、さらに教師がそれを把握できるようにすることは、教師の授業に対する効用感を高める上でも大切である。

　ところで、「道徳の時間」が子どもの行動の「直近の」変容を求めないとしたら、では、子どもたちの将来の生活において、かつての学習はどんな力を発揮しているだろうか。

　大学生を対象に、過去に学習した「道徳の時間」について尋ねた調査結果が紹介されることがある。そこでは、例えば「心に残っている資料やお話がありますか」といった問いに対して「ない」との回答の割合が高い、「道徳の時間」について特に中学校に関して否定的な感想が多い[1]など、消極的あるいはネガティヴな印象や評価が散見される。こうした声から、小・中学校の道徳の授業が10年後の彼らの生活に積極的な影響を与えていると判断するのは難しい。

　否定的な感想を具体的に見てみると、「当たり前のことを言っている」、「正解のようなものが見えていた」といった声が上がっている。道徳の時間の指導では、価値の押しつけにならないようさまざまな工夫もなされてきたはずだが、教師の意図は別にしても、ねらいとする価値が設定されていること自体が、押しつけや誘導と受け止められているようである。これをどう考えればよいだろうか。

　「正解が見える」授業をなぜ大学生は「つまらなかった」と言うのだろうか。これが例えば国語や数学の授業なら「正解がわかる」のはうれしいはずだ。正解をすぐに教えるのではなく、発問し、対話しながら正解に誘導していく教師は、よい教師と見なされるだろう。なぜ、道徳の授業では、教科の授業と同じことが通用しないのか。

　「電車でお年寄りに席を譲るのはよいことだ」と私たちは子どもの頃から教えられる。それが「正解」だろう。でも、実際の生活の中で、その正解が実現しない状況に子どもたちは出会っていく。電車に乗れば、席を譲らないたくさんの大人を子どもたちは見ている。子どもたち自身も、譲りたくても恥ずかしくて言い出せなかったり、ときには疲れきっていて座っていたいと思ったりして譲れなか

った体験をしているかもしれない。あるいは、勇気を出して席を譲ったのに、「必要ありません」と断られてしまうこともあったかもしれない。日々の生活の中で、私たちは、日常生活のごく当たり前の「常識」と思えることでさえ、「正解が一つではない」、「正解なんてあるのか」などと感じる場面に出会う。

　「正解が一つではない」ことを想定した授業に対して、価値相対主義に陥るのではないか、と危惧されることがある。しかし、そんなに大上段に構えなくても、私たちは実際に身近な場で、価値観や意見の異なる人々とともに物事を進めたり、答えを出したりしなければならない体験を重ねている。それは子どもの日常でも同じだろう。実生活では、「正解がない」から求めなくてもよいのではなく、いろいろな見方や考え方がある中で、「答え」を求めていかなければならない。その難しさを実感しているからこそ、道徳の授業を振り返った大学生たちは、「正解が見える」授業を現実的でない、実生活に役に立たない、と不満を表明しているのではないだろうか。

　彼らの声は、まさしく、道徳的実践力が目指すもの——「さまざまな場面、状況において、道徳的価値を実現するための適切な行為を主体的に選択し、実践する」ための、実社会で生きて働く力——が、自分が受けた授業でははぐくまれていない、と言っているのである。

　しかしその一方で、必ずしも正解があることが問題だとは言えない場合もある。先の大学生への調査でも、「結論が出ず『どの意見もいい意見だね』で終わるから、道徳はつまらないと感じた」という感想が見られる。これはどういうことか。

　「えーっ」「ありえない」。

　教室のあちこちから驚きの声が飛び交った。ある小学校低学年の道徳授業でのことだ。教師は最初に日常生活にありがちな友だち同士の問題状況を場面絵で提示し、「このあと、どうなったと思う？」と尋ねた。「けんかになりそう」と口々に不安な結果を予測する子どもたちの意見を聞いた上で、教師は、「実際はこうなりました」と、仲よく遊ぶ姿を見せた。「えーっ」という声は、予想と反する結果を見た子どもたちが思わず口にしたものだった。

　この驚きは、そのまま「なぜ？」「どうしてこうなった？」という疑問へとつ

ながっていった。教師が発問する前に学級全体が問いを共有し、子どもたちは何が起こったかを考え始めていた。教師はその声を引き取るように発問した。「なぜこうなったのだと思いますか」。

この授業には「正解」がある。だが、それは子どもたちが予想したのとは異なるものだった。そこから「問い」が生まれ、子どもたちは教師の発問を待たずに自分から思考し、答えを見いだそうとして、それぞれの知識や経験を振り返りながら活発な話し合いが続いた。

この授業と「正解が見える」、「正解がない」などと否定的に受け止められた授業との違いは何だろうか。それは正解の有無ではない。「問い」の有無、つまり、子どもたちが考えたいと思うような問いが生まれていたか、である。上の授業で子どもたちが夢中で考えようとしたのは、思考を促す驚きや発見があったからである。それが原動力となって、子ども自身の中に探求したい「問い」が生まれてきた。ここでの教師の発問は、ねらいとする発言を導くために押しつけられた問いではなく、学級の子どもたちの声を代弁したものだった。学級で子どもたちが問いを共有できれば、子どもたちはともに考えようとして自然に協同の探求活動が実現していく。

道徳授業が、実践力と実践を区別して大切にしようとしてきたものがここにある。それは、子どもたちが価値や生き方をめぐってともに探求する活動である。それは、「じっくり考える」とか「深く考える」という言葉で追求されてきたものだ。道徳の資料や授業について「心情中心」と批判されることがあるが、実際の授業で教師が大切にしてきたのは、この「深く考える」というプロセスの実現であったといえるだろう。

では、このような授業を実現するために、実践力と実践という区別は有効だろうか。

3．内省と実践をつなぐ授業へ

実践（プラクシス）は、語源的にはアリストテレスの区分に由来し、制作や理

論と区別された道徳的・倫理的行為を指す概念であった。今日では、より広義に、「人間が行動を通じ意識的に環境を変化させること」(『岩波哲学小辞典』岩波書店)と定義され、目的や意図をもって行われる人間の行為全般を指すようになっている。

「実践」は、目的と意志をもつ行為として、本能や欲求のままの行動とは区別される。人間は実践において、自分のまわりの世界（人・物・社会・自然）に働きかけ、自身の意図を実現しようとすると同時に、その他者によって自身の在り方に変化をもたらされる。つまり実践は、世界の中における自己と他者との相互作用としてとらえられよう。

このように語義に立ち返って考えると、道徳的実践力と道徳的実践を区別し、道徳的実践を道徳授業の外に置こうとすること自体に無理が生じることになる。なぜなら、授業において「ともに深く考える」という話し合い活動は、それ自体が道徳的実践だからである。

価値や道徳的問題を話し合い、ともに探求するという協同探求や子どもとの対話を授業で実現しようとしてきた教師であれば、それが簡単には実現しないことを体験しているだろう。ともに話し合って考えを深めていく力は、人間が生得的に発揮できる能力ではない。そのプロセスを繰り返し実践する中で学ばれ、育てられていく、意志と習慣の必要な道徳的実践である。

アリストテレスは、実践（プラクシス）を理論的思考や制作から区別すると同時に、実践に固有の思考をフロネシス（深慮・思慮）と名づけた。フロネシスは、「実践知(practical wisdom)」と訳されることもあるが、ここでの「知」とは、書物や教授から獲得される「知識」ではなく、実践しつつその実践を振り返って考えることで身につけていく「知恵」である。それは、知識理解や理論的思考だけでなく、情意やスキル、意欲までも広く含む、いわば、実践的に問題を解決していく力である。道徳授業をいわゆる単なる行動の指導と区別するものは、この「実践知」を育てる道徳的実践、学級で問いを共有し、知識や経験を振り返りながらともに考えを深めていく探求活動が実現しているかどうか、なのである。

学校の教育課程に、深く考え、実践につなぐ学習を位置づける意義は、世界の教育改革においても重視されるようになっている。例えば、OECDが提起したキ

ー・コンピテンシーは、その中核概念に「思慮深く考える力(reflectiveness)」[※2]を位置づけている。「思慮深く考える力」は、reflection(内省・反省)を伴う思考や行為であり、OECDはこれを次のように説明している。

「この(キー・コンピテンシーの—引用者注)フレームワークの根底にあるのは、内省的な思考と行為である。内省的に思考することは、比較的複雑な心的プロセスを要求し、思考プロセスの主体が、思考の対象となることを求める(※引用者注—思考プロセスについて思考する、いわゆるメタ認知を必要とする)。例えば、ある心的技能の習得にこの心的プロセスを当てはめてみると、内省は、個々人がこの技能について考え、吸収し、それを自分の経験の他の面と関連づけ、変更したりあるいはそのまま受け入れたりできるようにする。内省的な人は、こうした思考プロセスを経てさらに実践や活動を続けていく」(OECD, 2005)。

キー・コンピテンシーは、「道具(言語・知識や情報・技術など)を相互作用的に用いる」「自律的に活動する」「異質な集団で交流する」という三つの実践的な力で構成されるが、それらの力を支えるのは「思慮深く考える力」である。しかも、この「考える力」自体が、実践において同時に働くプロセスとして示されている。つまりここでは、内省と実践を区別して別々に学習することではなく、内省と実践が相互に関わり合って生まれるような学習が求められているのである。

「深く考える」「じっくり考える」などの言葉でこれまでの道徳授業が目指してきたもの。それは、認知と心情を統合した豊かな思考のプロセスだった。そして、道徳の授業では、このプロセスを「ともに考え、話し合う」という道徳的実践—協同探求—の中で実現しようとしてきた。今こそ、このプロセスを道徳授業の中心に据えるべきだ。内省と実践とを切り離すのをやめよう。内省と実践をつなぐプロセスこそが授業に求められているのだ。資料を通して、あるいはスキル・トレーニングや体験活動など実生活や学校におけるさまざまな実践の振り返りを契機として、さまざまな見方や考え方に出会いながら自分の生き方や人間としての在り方を内省し、内省から新たな課題や問いを見いだしていく協同探求的な話し合い活動こそ道徳授業の特質である。子ども自身が生活や人生の中に価値にかかわる問いを見いだし、ともに話し合って互いの考えを深めていく。この道徳的実

践を授業の中核に位置づけよう。

　友達と一緒に考えることが楽しい。いろいろな意見に出会えるから。それが子どもたちの声だ。今日の授業で、明日からは少し違った見方ができるかも。子どもたちがそんな思いをもてる道徳授業を設計したい。

〈注〉
※1　一例として、以下の調査報告がある。
- 八田雅代（2004）「心に響く道徳の時間の授業とは―大学生へのアンケート結果からみえてくること」『道徳と教育』No.320・321、pp.45〜56　日本道徳教育学会
- 東京学芸大学「総合的道徳教育プログラム」推進プロジェクト企画ミーティング（2014）『過去の道徳授業の印象に関する調査―教職科目「道徳の指導法」の受講学生を対象として―〈結果報告書〉』

※2　"reflectiveness"は、OECD（2005）で示されたキー・コンピテンシーの邦訳では、「思慮深さ（反省性）」と訳されている（立田慶裕監訳（2006）『キー・コンピテンシー：国際標準の学力を目指して』明石書店）。最近では、日本語の「反省」のもつイメージを避けるため、「思慮深く考える力」など深く思考する力であることを強調する訳も見られるようになっている。ここでは、そちらの訳を採用した。
　同様に、"reflection"も「思慮深く考える」ことであり、一般には、内省、反省、省察などと訳されている。ここでは、道徳授業でもよく用いられる「内省」を使用する。

〈参考文献〉
- OECD（2005）"The Definition and Selection of Key Competencies: Executive Summary", www.pisa.oecd.org/dataoecd/47/61/35070367.pdf

松本美奈の言々句々

道徳とは何だろう ①

みんなと同じ

　大学生の就職戦線が山場を越えた。アベノミクス効果による採用増もあって、キャンパスにはほっとした空気が漂い始めている。が、その一方で、今年もこのシーズン恒例の声が聞こえ始めた。

　「こんな無名の企業で働かせるために、4年間も学費を払ったんじゃない！」
　「こんな会社の名前、ご近所にも言えない」
　子どもの就職先に不満を抱く親たちの怒りやぼやきだ。あげく内定を辞退させ、就職活動をやり直させるようなケースが、またぞろ繰り返されている。

　「まあ、毎年のことだから」と苦笑するのは、東京都内の有名私立大学教授だ。親にとって、子どもを就職させたい企業とは、テレビでコマーシャルを流していて、名前が知られていることが最低条件。仕事の内容や、そこで働くことになる本人の意欲など関係ない。むろん、自分の時代とは大きく社会が変わっていて、これから伸びていく企業かどうかといった検証は、全く思案の外なのだ。

　そして、子である学生たちも心得たもので、抗弁することもなく粛々と就職活動をやり直すという。そもそも、大学進学を選択したのも「親が（高校の担任の先生が）勧めたから」「友だちが（みんなが）行くから」……。その教授は「結局、学生に自分の物差しがないから、就職も親の物差しにすがらざるをえないことになる」と分析する。裏を返せば、そうした学生が自信をもち、自分の考えで生き方を変えられるような成長の機会を大学が与えられなかったということでもある。

　多くの学生が手っ取り早い物差しにすがりつく結果、行き着くところは「みんなと同じ」となる。これは一見、ラクだ。他人と一緒であれば安心という生き方は、思考停止を許し、いったん悩みや苦しみから解放してくれる。だが、「みんなと同じ」でなくなった瞬間、途方もなく自分を苦しめることになる。

コンクリートのすきまに根を張り、みごとな花を咲かせる。

昨年、福島で出会った25歳の国立大学院生は、まさにそんな苦しみを背負った女性だった。農業を専門に学び、東日本大震災直後に福島入り。原発事故による土壌汚染問題に取り組んでいた。貯金を取り崩して毎月、福島に通い、泥だらけになって土壌を採取し、農作物にセシウムを吸収させない栽培方法を研究する。その姿を取材し、書こうとしたところ、彼女の口から出てきたのは、予期せぬ言葉だった。
「私の年齢だけは書かないで」。
　２年間浪人し、年齢を重ねていることを友人や先輩たちに言えないまま、いまに至っているという。福島の被災農家のために「みんなと同じではない」ことをしながら、「みんなと同じではない」年齢の自分を受け入れられない。自分に自信をもてないのだと話した。
　「みんなと同じ」の陰にある自信のなさ。それを「認められたい、それも他人の尺度で」と読み替えると、どの大学も頭を抱えている「不本意入学」の存在の理由が理解できる。つまり、他人に称賛してもらえるような有名大学に入りたい、しかもみんなと同じ年齢でという呪縛なのだ。
　かくして大学は、「あなたはそのままでいいのだよ」という、かつては想定する必要の薄かったメッセージを送るために、入学前からカウンセリングをしたり、教職員や先輩との交流会を開いたりの対応策に追われる。卒業生の人気音楽プロデューサーに依頼してド派手な入学式を開き、「不本意」感の払拭を試みる大学も。ただそうした取り組みも、なかなか重い呪縛を解くには至らないのが実態だ。
　現在の大学が重視するのは、「生涯学び続け、主体的に考える力」の養成、平たく言えば「自ら学び、考える力」だ。2012年、中央教育審議会は大学教育の在り方をめぐり、自立した主体的思考力を伴わない協調性や、他者の痛みを感知しない人間性は社会で通用しないと答申している。現実は、あるべき姿からはるかに遠い。

　「みんなと同じでいたい」指向は、果たしてどこかで「みんなと違う自分を認めてほしい」願望に転じるのだろうか。小学校の授業を取材すると、不思議な光景にしばしば出会う。
　子どもたちに挙手を求め、発言させる場面で、前に発言した級友と同じ場合は「同じです」、違う場合にはさらに手を挙げ続けるというルールが広がっている。だが、違うとした子どもが発言してみると、前の意見と全く同じといったケースが多いのだ。少なくとも第三者には差がみえない。

考えてみれば、日本人は一元的な時間管理の中で生きることを求められている。小中学校という義務教育レベルは言うに及ばず、高校、そして大学も。その先にある企業社会の入り口は「新卒一括採用」で、これまた輪切りが待っている。若者たちに「みんなと同じでなくてもいいんだよ」と伝えてもしょせんは絵空事で、「みんなと同じ」ことを要求する厳しい現実からは乖離しているように聞こえるかもしれないのだ。違いをよしとする土壌を育むのは、難しい。

　しかし、ここに来て、もはや今までの一元的な時間管理の中では暮らせない時代が来ている。それがグローバル化だ。

　多様な価値観が混在する社会は、「みんなと同じ」であることを事実上不可能とする空間とも言える。肌や目の色だけでなく、考え方も異なる社会の中で、どう生きていったらいいのか。そこで、道徳が登場する。

　いったい道徳とは何の時間か。各地の小中学校、一部の高校で授業を見てきたが、いまだにわかったような気がしない。ただ、「みんなと同じ」という思考停止を打破する力を養う時間であってくれればいいと思う。なぜ「みんなと同じ」がいいのだろう、それはどこから発生したのか、こうした考え方が広がると、世界はどうなっていくのか……。自らに根強くこびりつく既成概念を疑い、その根源を探る批判的な思考力を養う時間にならないか、と考えるのだ。

かわいいでしょ。でもおうちには連れて帰らないよ。
ダンゴムシのお母さんが心配するから。

第 2 章

「特別の教科　道徳」カリキュラムを設計する

1　道徳の目標を設計する

柳沼　良太

1．道徳の目標に関する諸課題

　道徳教育の在り方を見直し、道徳の教科化を具体的に考えるためには、道徳教育の目標から根本的に検討する必要がある。道徳教育の目標や「道徳の時間」の目標の現状分析については、すでに前書『道徳の時代がきた！』の2章1節で詳しく検討した。そこでの議論を前提にして、本節では道徳性と道徳的実践力をどう見直すか、そして道徳教育と「特別の教科　道徳」の目標をどう設計するかについて検討してみたい。

　道徳教育の充実に関する懇談会では、次のような趣旨を提言している。

> ①道徳教育を学校の教育活動全体を通じて行うとの考え方は今後とも重要である。②道徳教育の目標と道徳の時間の目標とを見直し、それぞれよりわかりやすい記述に改めるとともに、その相互の関係をより明確にすることができるよう、学習指導要領を改訂する。③道徳教育の目標は、道徳的心情のみならず、道徳的な判断力、実践意欲と態度、習慣などの育成も含む総合的なものであり、児童生徒の内面を育てること、さらにその内面の力によって自発的・自律的に道徳的な行為ができるようにすることが重要である。このため、道徳の時間においても、内面的な道徳的実践力を育成することにより、将来の具体的な行為としての道徳的実践につながるようにすることを明確に意識して取り組むことが重要である。

　確かに、学習指導要領の総則で示される「道徳教育の目標」と第3章で示される「道徳の時間の目標」は、別々に提示されており、前者は長文で複雑な構造である上に、両者の関係性も不明確である。そのために、道徳教育に関わる混乱や

誤解が引き起こされている面もある。それゆえ、「道徳教育の目標」と「道徳の時間の目標」とを根本的に検討し、それぞれよりわかりやすい記述に書き改めるとともに、その相互の関係をより明確にすることが求められる。

　現行の学習指導要領において、「道徳教育」では、道徳的実践を目指し、道徳的行為や習慣として具体的に外に現れるように指導する。それに対して、「道徳の時間」では、道徳的実践力の育成を目指し、道徳的価値の内面化を図り、道徳的心情や態度のような内面的資質を育成する。つまり、道徳授業では「道徳的行為をしようとする気持ち」が育成できれば、行為や習慣に至る必要はないことになる。このように「道徳教育の目標」と「道徳の時間の目標」を異なるものとして位置づけるため、「道徳の時間」は、「内面的資質としての道徳的実践力」だけ過度に強調するようになった。そのため、「道徳の時間」は道徳的心情や態度など情意的側面だけ重視した指導となり、道徳的思考力や道徳的判断力のような認知的側面、及び道徳的行動力や習慣のような行動的側面に対する指導は軽視されてきた。このように「道徳の時間の目標」は、道徳的心情を育成するだけでよいとされ、実生活で生きて働く道徳性や道徳的実践力を育成できなくなったため、「実効性がない」「形骸化している」と批判を受けることにもなったのである。

2．道徳性と道徳的実践力をどう定義し直すか

　それでは、「道徳性」をどのように定義し直すべきか。現行の学習指導要領の総則で示す道徳性の定義は、一つの文章に多くの抽象的な内容が詰め込まれており、全体的にわかりにくい文章構造になっている。もともと旧教育基本法に記された道徳的内容を羅列したものに、新しい教育基本法の内容をつけ加えたため、文章がかなり入り組んで膨張している。道徳性の定義に含まれる価値内容も、道徳の内容項目と照らし合わせると、4の視点に偏っている。そこで、道徳教育の目標を機能的な側面からとらえ直し、道徳性を「生きる力」や「コンピテンシー」あるいは「21世紀型能力」の概念と関連づけて、実生活で生きて働く力（実際に活用でき、行動に結びつく力）として再構成し、資質・能力を明記すれば、

わかりやすい記述となる。

　まず、文部科学省がこれまで提唱してきた「生きる力」の概念と道徳性を関連づけてみたい。周知のように、「生きる力」とは、「確かな学力」「豊かな人間性」「健康・体力」という認知的側面、情意的側面、行動的側面に分けられる。ここでいう「確かな学力」とは、「基礎的な知識・技能を習得し、それらを活用して、自ら考え、判断し、表現することにより、様々な問題に積極的に対応し、解決する力」である。「豊かな人間性」とは、「自らを律しつつ、他人とともに協調し、他人を思いやる心や感動する心などの豊かな人間性」である。そして「健康・体力」とは、「たくましく生きるための健康や体力」である。現行の学習指導要領では、道徳教育で育成すべき道徳性は、「生きる力」の中でも「豊かな人間性」にだけ対応する概念としてとらえられている。しかし、道徳性が総合的な人間性を意味し、各教科の基礎・基本となる用語である以上、問題解決能力や行動力を含んでおり、認知的側面や行動的側面とも関連した概念にならなければならない。

　様相でいうと、「確かな学力」とは、知識・技能に加え、自分で課題を見つけ、自ら学び、主体的に判断し、行動し、よりよく問題を解決する資質や能力であり、基礎・基本を中核として、判断力、表現力、問題解決能力、学ぶ意欲、知識・技能、学び方、課題発見能力、思考力を含むとされている。「特別の教科　道徳」でも、「確かな道徳性（道徳的実践力）」をはぐくむためには、道徳的内容に関する知識や技能を習得するとともに、道徳的問題を自ら考え、主体的に判断し、行動し、よりよく問題を解決する能力を育成する必要がある。

　もう一つ参考にしたいのは、OECD（経済協力開発機構）が提唱するキー・コンピテンシーである。キー・コンピテンシーとは、「知識基盤社会時代を担う子どもに必要な能力」であり、特に「特定の文脈で複雑な課題に対応できる能力」を意味する。具体的には、①社会・文化的、技術的ツールを相互作用的に活用する力、②多様な社会グループにおいて人間関係を形成する能力、③自立的に行動する能力である。また、OECDが行うPISAのテストで求められる能力、いわゆるPISA型学力でも、こうした実践的で自立的な課題対応能力や人間関係形成能力が重視されているのである。

これからの時代は、「詰め込み教育」か「ゆとり教育」か、「系統的学習」か「問題解決学習」かという二項対立的な議論ではなく、両者を融合するハイブリッド式の教育や学習が求められる。そこでは、「基礎・基本の習得」か「活用・探究」かという二項対立の議論ではなく、基礎的・基本的な知識・技能の確実な定着を図るとともに、これらを活用し応用する力、さらには探究していく力が求められる。こうした新しい教育観（学習観）や能力観を踏まえた上で、道徳性や道徳的実践力の定義を見直す必要があるだろう。

　以上のような見地から考えると、道徳性とは、よりよい生き方を目指してなされる道徳的実践を可能にする資質や能力である。現行の学習指導要領では、道徳性の諸様相として、「道徳的な心情、判断力、実践意欲と態度など」と記されているが、末尾の「など」の中には、「思考力」「行動力」「習慣」の三つを明記すべきである。「生きる力」と関連づければ、道徳性の認知的側面として、道徳的内容に関する知識・技能を習得し、それらを活用して、論理的・創造的・批判的に思考する力、主体的に善悪を判断する力、そしてさまざまな道徳的問題を解決する力が必要になる。特に、「批判的な思考力」は、戦後の道徳教育において重視されてきた能力であったが、今日ではほとんど忘却されている。また、キー・コンピテンシーと関連づければ、諸様相を統合した「問題解決能力」「人間関係形成能力」「コミュニケーション能力」「自立的に行動する能力」なども含めて、総合的な「道徳的コンピテンシー」として道徳性をとらえ直す必要がある。

　次に、「道徳的実践力」は、上述した道徳性を道徳授業に対応させて、より実践的にとらえ直した概念である。それゆえ、道徳的実践力とは、人間としてよりよく生きていく力であり、道徳的内容について理解を深め、道徳的に思考し、判断し、行動することができるような能力や資質を意味している。現行の学習指導要領では、道徳的実践力の諸様相として、「道徳的な心情、判断力、実践意欲と態度」を挙げている。そのため、道徳的実践力には道徳的な行為、実践、行動力、習慣が含まれないと解釈されてきた。しかし、「道徳的実践はできない道徳的実践力」や「道徳的行動力のない道徳的実践力」などは、概念として成り立たないはずである。そこで、道徳的実践力の定義もまた「生きる力」や「21世紀型能

力」と関連づけて、道徳的内容に関する基礎的な知識・技能を習得し、それらを活用して思考する力、判断する力、道徳的問題を解決する力、道徳的行動をする力を含むと考えるべきである。そこで、道徳的実践力の諸様相は、「道徳的な思考力、判断力、心情、実践意欲・態度、行動力」と規定できる。それゆえ、道徳的実践力は単に「道徳的価値の自覚を深める」だけでなく、実生活でそれを活用して問題を解決する力や行動する力であることを認識する必要がある。

3．道徳教育の目標と道徳授業の目標の見直し

　学校教育全体を通して行う道徳教育と特定の時間帯に行う道徳授業とは、有機的かつ密接に関連する必要がある。しかし、以上のような考察を踏まえると、道徳性と道徳的実践力は非常に類似した概念であることがわかる。それゆえ、「道徳教育の目標」と「道徳の時間の目標」を異なるものとして設定する根拠も、実はあいまいであるといえる。

　そもそも各教科において、学校全体で行う教科教育の目標とその授業の目標を異なるものとして設定することはない。例えば、国語教育の目標と国語の授業の目標は、当然ながら同じである。諸外国でも、道徳教育の目標と道徳授業の目標を別々に設定して分業することなどない。我が国の道徳教育と道徳授業は、戦前の修身教育への反省や戦後の特殊な歴史的・社会的事情もあって、これまで別々の目標を掲げて役割分担してきた経緯がある。

　また、道徳教育と道徳授業の目標を別々に設定してしまうため、道徳教育の目標に入る道徳的行動力や習慣に対する指導が道徳授業ではおろそかになっている。そもそも「道徳教育の目標」も「道徳の時間の目標」も、道徳の内面化と外面化の両方を図るべきものであって、両者に根本的な違いはない。こうした点を踏まえて、両方の目標を統合することが改善の手立てとして考えられる。統合のポイントは、道徳教育の目標も道徳授業の目標も、道徳性や道徳的実践力に関する認知的側面（思考力、判断力）、情意的側面（心情、意欲、態度）、行動的側面（行動力、習慣）をバランスよく育成することであるという点である。

道徳教育の目標と道徳授業の目標をあえて分けるのであれば、以下のような文面を考えることができる。学習指導要領の総則で示す道徳教育の目標としては、道徳的内容（主に道徳の内容項目）について理解を深めることを通して、日常生活や現代社会で生じる多様な道徳的問題に関する道徳的な思考力、判断力、心情、意欲、態度、行動力、習慣のような道徳性を総合的に育成し、人格の基盤を形成する。第3章（教科化後は第2章）で示す「特別の教科　道徳」の目標としては、道徳教育の目標に基づき、日常生活や現代社会で必要な道徳的内容（主に道徳の内容項目）について理解を深め、さまざまな道徳的問題に関する思考力、判断力、心情、意欲、態度、行動力のような道徳的実践力を育成する。

　道徳教育と道徳授業の関係を語る上では、従来のように「道徳の時間」が道徳教育の「要」であり、その「補充、深化、統合」をするという表記をどう修正するかも検討しなければならない。「補充、深化、統合」という概念は道徳の時間が特設された1958（昭和33）年から用いられた伝統的な用語であるが、実際のところ、その意味するところがわかりにくいため学校現場の各教師に十分理解されていない。また、こうした用語は過去の反省に成り立つ概念であり、将来的に機能する概念ではない。この趣旨は、「道徳の時間」が道徳教育の中核であり、学校の教育活動全体を通して行う道徳的実践と関連している点にある。そこで、「補充、深化、統合」に変わる代案として次のように提示することが考えられる。「道徳教育は、『特別の教科　道徳』を中核として、学校の教育活動全体を通じて行い、各教科等の特質に応じて適切な道徳的指導を行わなければならない」。

　以上のように設計すると、我が国の道徳教育に独特のねじれや矛盾を解消することができ、道徳教育の目標と「特別の教科　道徳」の目標を有機的に結びつけることができ、道徳のコア・カリキュラムを開発することにもつながるだろう。

〈参考文献〉
- 行安茂（2009）『道徳教育の理論と実践―新学習指導要領の内容研究―』教育開発研究所
- 伊藤啓一（2013）「道徳教育の目標」『大阪観光大学紀要』13号
- 柳沼良太（2012）『「生きる力」を育む道徳教育―デューイ教育思想の継承と発展―』、慶應義塾大学出版会

2 指導内容を設計する

柳沼　良太

1．指導内容に関する諸課題

　前節のように道徳の目標を見直した場合、それに応じて指導内容も根本的に見直す必要が生じてくる。我が国の道徳教育の指導内容は、学習指導要領の内容項目に示されているが、時代的・社会的要請によって今日的な課題を盛り込んでいくため、増加の一途をたどる傾向にある。現行の内容項目は、1「主として自分自身に関すること」、2「主として他の人とのかかわりに関すること」、3「主として自然や崇高なものとのかかわりに関すること」、4「主として集団や社会とのかかわりに関すること」の4視点に分けられ、小学校低学年で16項目、中学年で18項目、高学年で22項目、中学校で24項目ある。

　さらに、1項目の中に2～3の道徳的価値が示されているため、指導すべき価値項目は膨大な数に上る。例えば、中学校の内容項目における1の視点で道徳的価値を取り上げると、(1)望ましい生活習慣、健康、節度、(2)希望、勇気、強い意志、(3)自主・自律、誠実、責任、(4)真理愛、理想の実現、(5)向上心、個性の伸長、充実した生き方となり、こうした内容項目に含まれる道徳的価値の合計は、数え方にもよるが50以上はある。

　さらに、今日的な課題となる内容(いじめ問題、規範意識、情報モラル、環境保全、食育など)もつけ加わることになる。懇談会では、例として、いじめの防止や生命の尊重、自律心、家族や集団の一員としての自覚、ルールやマナー、法の意義を理解して守ること、社会の一員としての主体的な生き方、アイデンティティなどに特に留意するよう提言している。

これだけ増大した指導内容を年間で35時間にすぎない授業時数ですべて遺漏なく取り上げ、充実した指導をすることはきわめて困難である。一つの内容項目を1～2回程度しか扱えず、道徳的な価値項目でいえば、取り上げられないものも出てくる。また、これほど多くの内容項目を指導要録で一つ一つ評価することは不可能である。そこで、目標や評価とも関連づけながら指導内容を精選して絞り込み、発達の段階に応じて重点化と明確化を図ることが課題となる。

2．指導内容の精選と並べ替え

　共通に重視すべき指導内容を精選するために、諸外国の道徳教育や人格教育を参考にして、核心的価値（コア・バリュー）を設定することが考えられる。例えば、「自律」「思いやり」「正義」「尊重」「責任」「公共心」などを我が国の中核的価値として設定する。そして、それぞれの中核的価値にいくつかの派生的価値を付けて重点的に指導する。例えば、自律（誠実、節度、創意工夫）、思いやり（礼儀、友情、協同）、尊重（寛容、謙虚、感謝）、正義（公正、遵法、規範）、責任（勤労、奉仕、役割）、公共心（郷土や国を愛する心、人類愛、平和）などと考えられる。
　こうした中核的価値を指導要録にある「行動の記録」に関連づけることにより、評価の対象とすることができる。現在の「行動の記録」の項目は、「基本的な生活習慣」「健康・体力の向上」「自主・自律」「責任感」「創意工夫」「思いやり・協力」「生命尊重・自然愛護」「勤労・奉仕」「公正・公平」「公共心・公徳心」の10項目である。この中で「基本的な生活習慣」「健康・体力の向上」「創意工夫」は「自主・自律」と統合できるし、他も道徳教育の視点から整理し直すことができるだろう。こうした「行動の記録」を道徳教育と関連づけ、学習指導要領の「第3章　道徳」に具体的な指導内容を説明するべきである。
　こうした核心的価値と関連づけて、学年段階（低学年、中学年、高学年）や学校段階（小学校、中学校）あるいは各学校に応じて「重点的な指導項目」を設定して、特色のある教育活動をすることができる。例えば、小学校低学年の場合は「自主・自律」「思いやり」を中心とし、中学年の場合は「自他の尊重」「正義」を中心と

し、高学年や中学校の場合は「責任、公共心」を中心とすることが考えられる。こうした点では、各学校で重点的な指導項目を設定して、特色のある教育活動をすることもできる。

　内容項目は、道徳性の発達段階に応じた同心円的な拡大として見ることができる。その場合、「3の視点」と「4の視点」は逆転させるべきであろう。例えば、『中学校学習指導要領解説　道徳編』の第1章総説の2節2-(3)を見ると、道徳性の育成に関連づけて、ア「自己の探求、理想の追求と自律の尊重」、イ「人間関係の広がりと親密化」、ウ「社会の一員としての自覚のめばえ」、エ「自然や人間の力を超えたものへの謙虚な態度の涵養」の順に記してある。韓国の道徳教育でも「道徳的主体としての私」「私たち・他の人・社会との関係」「社会・国家・地球共同体との関係」「自然・超越的存在との関係」の順である。「崇高なものとの関わり」は、「超越的なもの」や「至高善」とも関わり、人知や経験を超えた特別な内容項目であるため、このような順に置いた方が体系的に説明しやすい。

3．指導内容の三側面

(1) **基礎的な認知的側面に対応した指導内容**

　現行の道徳授業では、特定の道徳的価値への自覚を深めるために、登場人物の心情を共感的に理解させる共感的資料や感動的資料が多用されている。しかし、それでは道徳の基礎・基本となる知識や情報を十分に習得することができない。そこで、人として生きる上で大切な基本的な道徳的価値、社会生活上のマナーや礼儀、日本の伝統と文化、先人や偉人の格言や伝記など知見的資料をこれまで以上に活用する必要がある。こうした知見的な内容は、各種のアンケート意識調査やコラムとして取り入れることもできる。こうした多様な内容の示し方は、文部科学省の『私たちの道徳』が参考になるだろう。

　また、規範意識の低下が問題になる中で、そもそも法律の知識がないために犯罪的行為にかかわったり、事件に巻き込まれたりする場合もある。そこで、道徳教育の一環として「法教育」を取り上げ、相互の人格や権利を尊重し合う学習を

することも有効である。さらに、現代は高度に情報化した知識基盤社会といわれており、「情報モラル教育」をすることは道徳教育においても重要である。情報モラルやネットワーク・エチケット（ネチケット）を知らなかったために事件やトラブルに巻き込まれることも多い。さまざまな事例とともに実践的な内容を提示することが求められる。

(2) 応用的な認知的側面に対応した指導内容

　ある程度まで道徳の基本的な知識や技能を理解し習得できたら、それらを活用・応用したり、さらなる探究をしたりするための発展的な資料が必要になる。そのためには、ねらいとする道徳的価値がすぐにわかる資料よりも、道徳的な問題について悩み考え葛藤するような資料が望ましい。ただし、究極的な選択を子どもに迫るモラル・ジレンマのような資料ではなく、道徳的な問題をよく考え、主体的に判断し、問題を解決できるような資料が望ましい。

　できるだけグループや学級で話し合い、考えを深められる内容となるように工夫する必要がある。例えば、いじめ問題で被害者、加害者、傍観者などの立場から考え、いじめ予防や抑止に役立てる内容とする。また、生命を尊重するためにどう行動すべきかを考える内容、規範意識はなぜ必要かを社会的に考える内容、自他のよさを見いだし理解し合う内容なども考えられる。

　また、こうした社会的な問題解決にかかわる指導内容は、時と場合に応じて責任ある態度や行動がとれるような市民性を育成する「市民性（シティズンシップ）教育」として発展させることもできる。私的な欲求や欲望を優先する行動が目だつ中で、公徳心や社会連帯を自覚させる内容とする必要がある。

(3) 道徳の情意的側面に対応した指導内容

　情意的側面に対応した指導内容は、基本的に従来の道徳授業と共通する部分であり、道徳的価値の自覚を深めるのに適した物語を読んで、共感したり感動したりする資料が中心となる。国語科のように国内外の文学作品だけでなく、実話（ドキュメンタリー）などを増やすべきであろう。

近年では、偉人や先人、著名人（スポーツ選手やノーベル賞受賞者など）の実話が増えているため、その生き方に共感したり感動したりすることにより、道徳的心情を育成したり生き方を見習おうとする意欲や態度を養うこともできる。

(4) 道徳の行動的側面に対応した指導内容

これまでは道徳授業で育成する「道徳的実践力」の諸様相として、「道徳的行動力」や「習慣」は除外されていた。しかし、今後、道徳授業でも道徳的行動力を育成したり、習慣形成を支援したりすることが重要になる。すでに『私たちの道徳』では、児童生徒がよりよい生活習慣や行動力を身につけられるようにワークブック形式の欄を積極的に導入している。今後は、こうした道徳の行動的側面を育成する指導内容を充実させる必要がある。

また、動作化、役割演技（ロールプレイ）、スキル学習などを重視する道徳授業では、指導内容をそれほど長文で複雑なものにする必要はない。道徳的な問題状況をパフォーマンス課題として与えるだけでよいため、5～7分前後で読めるような簡潔な物語を提示することが望ましいことになる。

4．児童生徒の発達段階を踏まえた指導内容

道徳の内容においても児童生徒の発達の段階を明確に打ち出す必要がある。道徳の内容項目には、児童生徒の発達の段階を踏まえて、小学校の低学年・中学年・高学年、中学校に分けて、道徳的価値内容について体系化・重点化された目標が記述されている。

しかし、道徳的実践力を発達の段階に応じてどのように育成するかは不明確である。学習指導要領の解説書には、「結果を重視する見方から動機をも重視する見方へ」、「主観的な見方から客観性を重視した見方へ」「一面的な見方から多面的な見方へ」変化すると記述されてあるが、発達心理学の初歩的なレベルの見解にすぎない。

これまで重視されてきた道徳的心情だけでなく、道徳的な思考力、判断力、実

践意欲、態度、問題解決能力、コミュニケーション能力、行動力がどのように発達するのかについて、最新の道徳性発達心理学の見地から再構成すべきである。そうした目標に合わせて問題解決的な学習や体験的な学習などに適した指導内容を取り入れるべきである。特に、いじめや情報モラル、生命倫理などのような今日的課題については、発達段階を踏まえて系統的に学習できる内容に改良する必要がある。こうした指導内容は、次節の指導方法と一体化して考えることが求められる。

　内容項目の性格は、「特別の教科　道徳」はもとより、道徳教育全体において対象として扱う道徳的価値と考えるべきである。その際、内容項目は標記上において「～する」というスタイルで記載してあるので、理想を押しつける印象をもたれることもある。しかし本来は「行ってほしい行動（目標）」を示しており、子どもに行動目標を自覚させ、教育する機会のたびに行うように促すと教育的効果が高まる。

　ただし、それぞれの内容項目には道徳的価値が盛りだくさんであるため、一つの文章に多くを詰め込まず、測定できる行動の水準に書き直し、一義的な内容が明確になるように分析して、活動ごとに具体化するべきである。つまり、評価が可能な「行動目標（測定目標）」として内容項目を提示する必要がある。

　例えば、中学校の１-(1)の「望ましい生活習慣を身に付け、心身の健康の増進を図り、節度を守り節制に心掛け調和のある生活をする」であれば、少なくとも①「望ましい生活習慣を身に付ける」、②「心身の健康の増進を図る」、③「節度を守り節制に心掛け調和ある生活をする」の三つに区切られる。さらに、「望ましい生活習慣を身に付ける」も抽象的な表現であるため、道徳授業では具体的に「早寝・早起きの習慣をつける」あるいは「時間を厳守する」などわかりやすい表現に改める。これらを一覧にしてチェックリストを作成して観察するとともに、子ども自身にも自己チェックさせて自己診断に役立てることも考えられる。

3 指導方法を設計する

柳沼　良太

1．指導方法に関する諸課題

　道徳の目標と指導内容が決まれば、それに応じた指導方法を設定する必要がある。特に、前節で示した指導内容と本節の指導方法を一体化して実効性を高めることが求められる。「道徳教育の充実に関する懇談会」でも道徳教育の指導方法の重要性を指摘して、次のような趣旨を提言している。

> ①児童生徒の発達の段階をより重視した指導方法を確立し普及する。この点で、多角的・批判的に考えさせたり、議論・討論させたりする授業を重視する。②道徳的実践力を育成するための具体的な動作等を取り入れた指導や問題解決的な指導等を充実する。この点で、道徳的実践力を効果的に育成するための手段として、ロールプレイやコミュニケーションに係る具体的な動作や所作のあり方などに関する学習、問題解決的な学習を一層積極的に活用する。

　懇談会のこうした提言は、まさに画期的であり、戦後の道徳教育の形骸化を克服するための明確な手立てを示している。ここで我が国の道徳教育の現状を振り返っておこう。戦後、我が国の道徳授業では独特の指導方法が強固に確立され普及している。それは読み物資料を読んで、主人公など登場人物の心情を共感的に理解する指導方法である。懇談会の報告書でも、「授業方法が、単に読み物の登場人物の心情を理解させるだけなどの型にはまったものになりがちである」と批判している。このやり方が道徳授業においてあまりに画一化されて強制され普及した結果、授業の形骸化をもたらす一因となった。

　こうした指導方法を改善するために、現行の『中学校学習指導要領解説　道徳

編』の5章3節2(1)では次のように提案している（小学校の解説でもほぼ同様）。「読み物資料を学習指導の中で効果的に生かすには、登場人物への共感を中心とした展開にするだけでなく、資料に対する感動を大事にする展開にしたり、迷いや葛藤を大切にした展開、知見や気付きを得ることを重視した展開、批判的な見方を含めた展開にしたりするなど、その資料の特質に応じて、資料の提示の仕方や取扱いについて一層工夫が求められる」。ただし、この提案も「登場人物への共感を中心とした展開」を前提としているため、他の多様な展開もいくらか許容される程度にすぎない。また、1977（昭和52）年の改訂までは道徳的判断力を育成するために問題解決学習が用いられており、1999（平成11）年の『小学校学習指導要領解説　道徳編』の第4章4節2にも「問題解決的な思考を重視した展開」も推奨されていた。しかし、2008（平成20）年の改訂では問題解決的な学習に関する文言がことごとく削除されてしまった。こうした経緯から道徳授業の指導方法では、実効性が高い問題解決的な学習や体験的な学習がほとんど取り入れられなくなった。

　それに対して「特別の教科　道徳」では、各教科等と同様に学習指導要領の総則の配慮事項にあるように、体験的な学習や問題解決的な学習を重視すべきである。そして、子どもの「生きる力」や道徳的実践力（コンピテンシー）を育成するという目標のもとに、子どもが自ら考え、主体的に判断し、問題を解決する能力を育てたり、実生活で活用・応用できる道徳的な行動力、コミュニケーション力、社会性を育てたりする指導方法に改善すべきである。

2．道徳教育の三側面を育成する指導方法

　「特別の教科　道徳」でも、基礎的な認知的側面、応用的な認知的側面、情意的側面、そして行動的側面を効果的に指導する方法を導入すべきである。

(1)　基礎的な認知的側面を育成する指導方法
　道徳教育においても基礎学習と応用学習がある。まだ道徳の基礎・基本を習得

できていない子どもに、道徳の応用問題を解かせようとしても無理である。道徳教育における基礎・基本の指導とは、具体的には、人生に関して教訓となる格言・名言・名句、あるいは社会生活上のマナーやルールなどを教えることである。それらが簡潔な物語やコラム、情報データとして提示される場合もあれば、書簡や論述文として提示されることもある。そうした道徳に関する多くの知識や情報を基礎・基本として習得した上で、子どもは自ら考え、主体的に判断し、問題を解決していけるのである。また、戦後は偉人や先人の伝記を積極的に取り上げず、架空の登場人物の気持ちを考える授業が多くなった。しかし、実際の偉人や先人の言葉や行動にこそ人生の指針となるようなものが多いため、基礎的な認知的側面を育成することになるだろう。これに関して、文部科学省の作成した『私たちの道徳』は、生き方や道徳的価値について考えを深めるヒントとなる基礎・基本的な知識や格言を豊富に示している点で望ましい。

　さらに、法や権利・義務について理解を深め、互いの人格を尊重し合い、社会的な義務や責任を果たすことの意義を自覚するための法教育も重要になる。生命倫理、情報倫理、環境問題、国際理解、食育などもある程度までは知識・情報として習得する必要がある。

(2)　**応用的な認知的側面を育成する指導方法**

　「特別の教科　道徳」でも、「生きる力」や道徳的実践力（コンピテンシー）を育成するのであれば、各教科と同様に、単なる知識の「習得」だけでなく、それを「活用」「応用」できるように指導し、さらに「探究」をも促すべきである。そのためには、なぜそうした道徳的価値や行動が大切なのかの「理由」を考えたり、登場人物の立場になって道徳的問題（パフォーマンス課題）をどう解決したらよいか「判断」したりするような、「問題解決的な学習」を積極的に取り入れることが重要である。その際、道徳的な問題を論理的・多角的・批判的・創造的に考え判断し、議論や討論をすると効果的である。また、こうした問題解決的な学習では、「話し合い活動」や「書く活動」など言語活動が活発になるため、考えを交流させ深めていくことができる。こうした道徳授業では子どもの道徳的な

思考力、判断力、表現力、行動力を育成することになる。

　現代的課題も、道徳の基礎・基本を習得したあとに、議論することができる。例えば、いじめ問題を予防したり、環境問題を改善したりするためにどんなことができるか話し合う。これと関連して、自分が社会の一員であり、市民として社会にどう参画し活動するべきかを考えるシティズンシップ教育も有意義になる。単に現状の社会問題を理解するだけでなく、社会の在り方について多角的・批判的・創造的に考える力を育成することができる。

(3) **情意的側面を育成する指導方法**

　道徳性の情意的側面を育成する指導方法は、基本的に従来の道徳授業と共通している。つまり、中心となる道徳的価値に対応した読み物資料を読んで、登場人物の気持ちを理解したり、物語に感動したりする指導方法である。道徳の基本は、他者の気持ちを共感的に理解したり、他者の立場に立って考えたりすることである。そのために、文学作品、劇、実話などの共感資料や感動資料を用いて、登場人物の気持ちを共感的に理解し、道徳的価値の自覚を深めることで道徳的な心情や態度を育成することは有意義である。

　物語の登場人物の言動を基に、動作化や役割演技（ロールプレイ）等の表現活動を用いることもできる。動作や演技を通じて他者の経験を自分のこととして追体験し実感を深め、道徳的価値の自覚につなげることもできる。

　また、偉人や先人の物語は感動資料としても活用できる。その他、映像資料としてテレビ番組（NHKの道徳ドキュメントやプロジェクトXなど）や映画、DVDなどを活用することもできる。ただし、読み物資料や映像資料が長すぎると、話し合う時間や考えを深める時間が足りなくなるため、事前指導や事後指導で視聴したり、各教科等と関連づけて学習しておくことも有効である。

(4) **行動的側面を育成する指導方法**

　子どもの道徳性の行動的側面に働きかけることで、道徳的行動力を育成したり習慣形成を促したりすることができる。この点について懇談会の報告書でも次の

ように示されている。「本来、内面的資質である『道徳的実践力』はそれ自体で完結するものではなく、将来における道徳的行為の実践につながってこそ意味があるものであり、道徳的実践を繰り返すことで道徳的実践力も強められるものである」。それゆえ、行動的側面を育成するために、問題解決的な学習、スキル的な学習、体験的な学習を道徳授業に積極的に取り入れる必要がある。

特に、挨拶、礼儀、人間関係を築く方法、社会的技能（ソーシャルスキル）を習得する方法、自己主張（セルフアサーション）をする方法などは、実際に子どもが体験的にスキルや行動を訓練して習得する方が効果的である。具体的な問題状況においてどのような解決策（行動、所作）が適切であるかを即興的に考え、演技し、話し合うこともできる。

この点では、文部科学省の作成した『私たちの道徳』では、道徳的な問題場面でどうすればよいかを具体的に考えたり、自分の生活習慣を振り返ったり、これからの習慣形成に役立てたりするページが豊富にある点で優れている。

体験的な学習を有効活用する道徳授業の事例は多い。『小学校学習指導要領解説　道徳編』の第5章3節2(2)でも、「体験的な学習」に関連して次のように記されている。「道徳の時間においては、児童が日常の体験を想起し実感を深めやすい資料を生かしたり、体験を想起して発表することができるような発問を工夫したり、実物の観察等を生かした活動、コミュニケーションを深める活動、車椅子体験やアイマスク体験などの模擬体験や役割演技等の表現活動を取り入れたりすることなどが考えられる」(中学校でもほぼ同様の趣旨)。ここに事例として出てくる体験的な活動を道徳授業でも積極的に取り入れることで多様な授業展開も可能になるだろう。

3．指導方法の多様化

道徳授業は単独で週1時間だけ行うよりも、他の教科や領域と関連づけて総合的に取り組むことで実効性が高まる。特に、道徳授業と特別活動は今後ますます連携を深める必要があるだろう。現行の小学校学習指導要領では、道徳の時間に

「体験活動を生かす」ことを推奨して、第3章3-3(2)には次のように記している。「集団宿泊活動やボランティア活動、自然体験活動などの体験活動を生かすなど、児童の発達の段階や特性等を考慮した創意工夫ある指導を行うこと」（中学校では「集団宿泊活動」の代わりに「職場体験活動」が入る）。特別活動で行った「体験活動」を道徳授業で振り返ったり、道徳授業で考えた道徳的行為を特別活動で実践したりすることで、道徳的な思考と心情と行動を有機的に結びつけることができる。

ただし、『小学校学習指導要領解説　道徳編』の第5章4節2(1)では、次のような留意事項も記されている。「道徳の時間は体験活動を踏まえて、児童が様々な道徳的価値に気付き、その意味や大切さについて考えを深める要の時間として重視していくべきであり、道徳の時間で直接的な体験活動そのものを行うのではないことに留意する必要がある」（中学校でもほぼ同様の趣旨）。ここでは道徳授業で「体験活動」を取り入れるべきではないとしているが、上述したように「体験的な学習」を道徳授業に取り入れることは有意義である。

上述した道徳授業の多様な指導方法を行うためには、専門的な知識や技能を要する。そのため、大学の教員養成課程や各地の研修・講習において多様な指導方法を紹介し、普及に努める必要がある。従来の登場人物の心情を共感的に理解させる指導方法は、誰にでもできる簡単さゆえに普及した面がある。今後、こうした多様で効果的な指導方法を開発・実践し普及させるためには、学校現場と文部科学省・教育委員会と大学・研究機関が連携・協力していくべきである。

〈参考文献〉
- 高浦勝義（研究代表者）「ポートフォリオ評価を活用した指導の改善、自己学習力の向上及び外部への説明責任に向けた評価の工夫（第三次・最終報告書）」（平成17年3月）
- 柳沼良太（2012）『「生きる力」を育む道徳教育―デューイ教育思想の継承と発展―』慶應義塾大学出版会

4 評価を設計する

柳沼　良太

1．評価に関する諸課題

　道徳教育や道徳授業を充実させるための鍵を握るのは、やはり評価である。これまで我が国では道徳の評価をあまりにおろそかにしてきたため、実効性を高める手立てが取りにくい状況にあった。ただ一方で、道徳に評価を導入するという場合、「心を測るべきではない」「内面的資質は測れない」という反論が必ず起こることになる。道徳の評価に悪いイメージがあるのは、子どもの人格や生き方を評定して値踏みすることや、入試のように子どもを序列・選別することにつながると思われるからである。

　こうした誤解は、そもそも評価とは何かを理解していないことから起こることが多い。評価とは、子ども一人一人が学習指導要領に示す内容を確実に身につけているかを把握し、それを通じてのちの学習活動や教育活動の改善に役立てるためのものである。こうした道徳の評価を記録しておけば、学年や学校が変わり担任教師が変わっても、継続的かつ系統的に道徳的指導を行うことができる。また、いじめなどの問題行動が起きた場合でも、道徳の評価記録を見ることで、問題の原因や道徳性の発達状況を把握して、早期の解決に役立てることができる。

　留意すべき規定は、現行の学習指導要領における「第3章　道徳」の第3にある以下の文言である。「児童生徒の道徳性については、常にその実態を把握して指導に生かすよう努める必要がある。ただし、道徳の時間に関して数値などによる評価は行わないものとする」。この前半の文章は、子どもの道徳性の発達状況や実態を把握（評価）する必要があると主張する点では、適切である。しかし、

後半の文章にある「数値などによる評価は行わない」という方針は、拡大解釈されて道徳授業の評価自体を行いにくくする点では、問題がある。これでは道徳教育の取り組みが実効性を失い、道徳授業の実施率も（道徳教育実施状況調査の結果はともかく）実質的にはかなり低い状態にとどまってしまう。

以上のような課題を踏まえて、「道徳教育の充実に関する懇談会」の報告書では、「道徳教育の評価」について次の4点（趣旨）を提言している。

> ① 数値による評価を行うことは不適切であり、今後とも実施しない。
> ② 児童生徒のよい点や進歩の状況などを積極的に評価するとともに、自らの人間としての生き方についての自覚を深め、人間としてよりよく成長していくことを支える評価となるよう配慮する。
> ③ 指導要録の中に、児童生徒の学習の様子を記録し、意欲や可能性をより引き出したり、励まし勇気づけたりするような記述式の欄を設ける。
> ④ 指導要録の「行動の記録」の欄をより効果的に活用する方策など、多様な評価方法について検討する。

この提言は、道徳教育において数値による評価（評定）はしないが、子どものよい点（道徳性）や進歩の状況を把握する評価（アセスメント）は行い、子どもの意欲や可能性を引き出したり、認め励まし勇気づけたりする記述式の評価（エバリュエーション）はしっかり行うという点では、真っ当な主張である。今後、「特別の教科　道徳」を正常に機能させるためには、各教科等と同様に、道徳教育においても「目標・指導・評価の一体化」を図り、明確な評価基準と評価規準を作成して、信頼性と妥当性のある評価方法を導入する必要がある。

2．道徳の評価の観点

道徳性は人格全体にかかわるものであるから、諸要素に分解して評価することは難しいとされてきた。しかし、目標と指導と評価を一体化するという見地から、以下のようにさまざまな観点から道徳性を評価することは可能である。

(1) 「関心・意欲・態度」などの観点別評価

　まず、各教科の評価の観点と同様に、「関心・意欲・態度」などに関連づけて道徳を評価することができる。つまり、道徳授業の具体的な学習対象や学習事項に対する「関心・意欲・態度」「思考・判断・表現」「技能」「知識・理解」の4観点から評価するのである。この中でも、道徳授業の「関心・意欲・態度」を子ども自身が自己評価することは、これまでも自己評価カード、振り返りカード等で一般に行われてきたことである。次に、道徳授業における話し合い活動や言語活動から子どもの「思考力、判断力、表現力」を評価することもできる。単に登場人物の心情を理解するだけならば、国語の読解力と違わないが、道徳的実践の理由を考え、適切な判断を行い、実生活の行動や習慣と関連づけると、多角的に評価することができる。また、道徳の学習課題や学習対象、学習事項などの内容について知識や技能（スキル）を習得し、実生活で活用・応用できるかを評価することもできる。

(2)　育成すべき資質や能力の評価

　次に、学習指導要領に示された道徳教育で「育成すべき資質や能力」を評価することができる。例えば、道徳的実践力の諸様相である「道徳的心情」「道徳的判断力」「道徳的実践意欲・態度」についてどの程度育成できたかを評価する。従来の道徳授業（指導案）のねらいでは、「……の心情を育てる」あるいは「……する態度を育成する」という記述が多く、情意的側面ばかり重視してきた。こうした道徳的心情を客観的に測ることは困難であるため、道徳は評価するのは難しいとされてきた。そこで、今後は道徳授業のねらいに「道徳的思考力」、「道徳的判断力」、「道徳的行動力」の育成を積極的に取り上げ、認知的側面や行動的側面も重視して、行動目標を客観的に評価できるようにする必要がある。

(3)　内容項目に対応させた評価

　第三に、道徳教育の内容項目に則して評価することができる。具体的には、「主として自分自身に関すること」「主として他の人とのかかわりに関すること」

「主として自然や崇高なものとのかかわりに関すること」「主として集団や社会とのかかわりに関すること」という4つの視点に沿って評価する。この場合、評価対象となる内容項目が多すぎるため、次項で述べるように、「行動の記録」と関連づけて内容項目を精選してもよいだろう。その場合、子どもの実生活における道徳的行為や道徳的習慣を観察して記録し、「行動の記録」と関連づけて評価することが考えられる。

⑷　「道徳的価値の自覚」に関する評価

　第四に、現行の学習指導要領では道徳の時間の目標に「道徳的価値の自覚を深める」という文言が含まれている。そこで、例えば「道徳的価値の大切さをどう理解したか」「話し合いでどのように自己理解・他者理解を深めたか」「道徳的価値の実現に向けてどのように意欲をもったか」に注目して評価することができる。ただし、どのように認識が変化すれば、「道徳的価値の自覚を深め」たことになるかはあいまいである。『学習指導要領解説』の第1章2節2⑵に提示されているように、①「結果を重視する見方から動機をも重視する見方へ」、②「主観的な見方から客観性を重視した見方へ」、③「一面的な見方から多面的な見方へ」変化した場合、道徳性が発達したとみなして評価基準を設定することができる。ただし、この点では近年の道徳性発達理論の見地からすると単純な見方であるため、早期に体系的な見直しを図る必要がある。

3．「行動の記録」との関連づけ

　現在、文部科学省が各都道府県の教育委員会等に示している児童生徒の指導要録の参考様式では、道徳の時間についての評価の欄は設けられていない。しかし、指導要録には「行動の記録」の欄がある。「行動の記録」では、学校生活全体を通して子どもの行動について、各項目の趣旨に照らして「十分満足できる状況にある」と判断される場合に、〇印を記入することとされている。評価を行う際には、子どもの発達状況を配慮して、基準を設定して評価することになるが、「行

動の記録」についての解説が学習指導要領には明示されていないため、実際にはあいまいで主観的な相対評価になりがちである。

　現行の「行動の記録」の評価項目は、「基本的な生活習慣」「健康・体力の向上」「自主・自律」「責任感」「創意工夫」「思いやり・協力」「生命尊重・自然愛護」「勤労・奉仕」「公正・公平」「公共心・公徳心」の10項目である。こうした「行動の記録」の項目は、各教科、総合的な学習の時間、特別活動などの指導内容よりも、道徳の内容項目と密接に関連していることは明らかである。しかし、我が国では、子どもの道徳性を「数値など」によって評価しないという原則を強調するあまり、「行動の記録」でさえ道徳の評価ではないと見なされる傾向にあった。

　こうした課題を改善するために、「行動の記録」を道徳と関連づけて再構成する必要がある。現行の評価項目の「基本的な生活習慣」から「健康・体力の向上」「自主・自律」「責任感」「創意工夫」までは、道徳の内容項目でいう「1　主として自分自身に関すること」に対応する。評価項目の「思いやり・協力」は、道徳の内容項目でいう「2　主として他の人とのかかわりに関すること」に対応する。評価項目の「生命尊重・自然愛護」は、道徳の内容項目でいう「3　主として自然や崇高なものとのかかわりに関すること」に対応する。評価項目の「勤労・奉仕」から「公正・公平」「公共心・公徳心」までは、道徳の内容項目でいう「4　主として集団や社会とのかかわりに関すること」に対応する。

　ただし、「行動の記録」における評価項目すべてが、道徳の内容項目に対応しているわけではなく、道徳の内容項目すべてが「行動の記録」に含まれているわけでもない。道徳の評価に活用する場合は、「行動の記録」の項目を精選し再構成する必要があるだろう。

　道徳の教科化を機に、「行動の記録」を「道徳の記録」と名称変更して、道徳の内容項目に合わせて適切に項目を設定し直すことが考えられる。こうした「道徳の記録」には内容項目のように16〜24項目をすべて列挙するのではなく、2章2節で示したように、内容項目を統廃合した上で最も核心的な価値（コア・バリュー）を選出して10項目程度を設定すべきだろう。

4．多様な評価方法の導入

(1) 評価の創意工夫

　従来の道徳授業では、道徳的実践力の中でも道徳的心情を育成する傾向が強かったため、たとえそれが道徳的行為や習慣につながらなくてもよいとされ、客観的な評価も必要とされなかった。しかし、道徳教育では単に道徳の知識や技能を知っていたり道徳的な心情を感じていたりするだけでなく、道徳的問題を自ら考え、主体的に判断し、実際の行為や習慣につなげていくことこそが望まれる。例えば、いじめ問題に関連づけていえば、「いじめはいけない」ことを知り、「いじめをなくしたい」という気持ちをもつだけでなく、実際にいじめを予防したり問題解決したりする行為や習慣に結びつけることが肝心なのである。そのためには、道徳の内容項目に応じた抽象的な方向目標を多義的に立てるのではなく、具体的な行動目標を一義的に立てて指導し、それを評価することが大事になる。

　道徳を評価するためには、実際の場面で具体的な行動ができるか、道徳的な問題場面において主体的な思考や判断ができるかを観察することが肝要になる。その場合、教師が観察によって子どものあるがままの行動を観察し、記録し、評価するのが一般的な方法である。例えば、子どもの「思いやり」について記録する項目を設け、学年・教科の教師や保護者と協働しながら一定期間、組織的かつ継続的に評価するのである。

　子どもと直接に面接する方法もある。カウンセリング・マインドで対話することにより、子どもの感じ方や考え方を身振り、表情、口調から共感的に理解することができる。より客観性を高めるためには、「質問紙による方法」でそれぞれの目標を行っているかについて質問することもできる。道徳教育の目標がどれだけ実現したかについて評価することによって、道徳授業の有効性や過不足が明らかになり、その検証と反省を基に改善することができる。1回の道徳授業ですぐに顕著な効果（行動の変容）が現れるとは限らないため、1週間、1か月、1学期単位で目標を立てて、週末、月末、学期末にチェックリストで評価することも

できる。このチェックリストを用いて担任の教師が評価することもできるし、子ども自身が自己評価してもよいし、子ども同士で相互評価し合うこともできる。

その他、道徳性を評価する検査として「新道徳性検査HUMAN Ⅲ」などがある。この種の検査は直接、道徳性を評価しようとする点で注目に値するが、質問項目は従来の道徳授業のように、登場人物の気持ちを尋ねるものであるため、道徳的行為や習慣につながるものではない。また、子どもの学校適応状態を理解する「学級満足度テスト（Q-U）」、「学校環境適応感尺度（アセス）」、各種の学校生活アンケートもある程度は有効である。ただし、こうした検査は数値による評価となるため、評価の際には文書化して所見にする必要がある。

(2) 問題解決的な学習におけるパフォーマンス評価

問題解決的な学習では、子どもが道徳的な問題状況においてどのように解決するかを考える。その際、自分の考えに近いものを選択肢から選んでもよいし、自由に記述してもよい。次に、小集団やクラス全体で話し合い、解決策を比較検討しながら協働探究する。最後に、話し合った結論を踏まえ、再び自分の考えた解決策を手直ししてワークシートやノートに記して提出する。こうしたワークシートや事後の道徳的行動から、子どもの学習状況を把握するとともに、道徳的実践力の向上を評価することができる。

問題解決的な学習に関する評価は、近年注目されているパフォーマンス評価やポートフォリオ評価とも関連している。こうした評価方法は、子どもが道徳的問題に取り組み、道徳的実践力を育成する上でも有効である。パフォーマンス評価とは、子どもが「真正の課題」「パフォーマンス課題」に取り組む中で、思考し判断し表現する過程を評価するものである。子どもは道徳的問題を解決するために、書いてある情報を的確に理解し、文脈を解釈し、自らの知識や経験に結びつけて考え、自らの知識や技能（スキル）を総合的に活用しながら思考し、主体的に判断し、自らの意見を表現する。それゆえ、道徳でも評価基準表をルーブリック（評価指標）として設定し、4観点である「思考・判断・表現」「関心・意欲・態度」「技能」「知識・理解」を総合的に評価できる。こうしたパフォーマンス評

価は、文部科学省の「生きる力」やOECDの「キー・コンピテンシー」や国立教育政策研究所の「21世紀型能力」の評価にも対応している。

　また、子どもがパフォーマンス課題に取り組んだ成果をポートフォリオとして評価することもできる。ポートフォリオとは、子どもの作品（ワーク）と自己評価の記録、教師による指導と評価の記録などを系統的に蓄積したものである。授業で書きこんだ道徳ワークシートを内容項目などで並べ替え、取捨選択してポートフォリオを作成し、それを評価することができる。

　パフォーマンス評価とポートフォリオ評価は、把握された成果を検討会（カンファレンス）で話し合うことも重要である。こうした新しい評価は、教師が一方的に行うものではなく、子ども自身がルーブリックなどを参考にしながら自己評価したり、教師と話し合いながら評価したりする。具体的に「どこをどう頑張ったか」「どこが優れていると思うか」「どうしてそう思うか」を話し合い、今後の目標について話し合い合意する。このように目標を子どもと教師で定期的に振り返ることで形成的評価を行い、必要に応じて目標を調整し、共有することができる。こうした検討会は、一対一の面接形式でもできるが、学期末や年度末の道徳授業などで一斉授業形式で互いの成果を認め合い批評し合うこともできる。

〈参考文献〉
- 押谷慶昭・加倉井隆編（1995）『中学校道徳の評価・授業改善と通信簿』明治図書
- 田中耕治（2008）『教育評価』岩波書店
- 長瀬荘一（2003）『関心・意欲・態度（情意的領域）の絶対評価』明治図書
- 西岡加名恵（2003）『教科と総合に活かすポートフォリオ評価法』図書文化
- 石田恒好（2012）『教育評価の原理―評定に基づく真の評価を目指して―』図書文化
- 文部科学省　国立教育政策研究所　教育課程研究センター（平成23年11月）『評価規準の作成、評価方法等の工夫改善のための参考資料』
- HUMAN Ⅲ（新道徳性検査）　図書文化

5 教科書を設計する

貝塚　茂樹

1．なぜ検定教科書とするのか

　「道徳教育の充実に関する懇談会」(以下、懇談会と略)がまとめた「今後の道徳教育の改善・充実方策について(報告)―新しい時代を、人としてより良く生きる力を育てるために―」(以下、「報告」と略)は、教科書について次のように提言した。

> 　本懇談会としては「特別の教科　道徳」(仮称)の主たる教材として、検定教科書を用いることが適当と考える。教科書検定の具体的な制度設計に当たっては、民間発行者の創意工夫を最大限生かすとともに、政治的中立性や宗教的中立性に配慮しつつ、バランスのとれた多様な教科書を認めるという基本的観点に立ち、検討を行うべきである。児童生徒の多角的・批判的な思考力・判断力・表現力等の発達の観点等に十分配慮した創意工夫ある良質な教科書が作成されることを期待したい。

　これは、懇談会での「検定教科書制度の下で出版社がより良いものを作ろうと互いに切磋琢磨することで質の高いものが生まれる」「複数の民間発行者が作成する検定教科書の方が多様な価値観を反映できる」「既に複数の出版社で学習指導要領の記述をベースにした副読本が作られており、それが教科書になっても大きな問題を生じるとは考えにくい」などの意見が反映された結果といえる。

　周知のように、学校教育法34条1項は、「小学校においては、文部科学大臣の検定を経た教用図書又は文部科学大臣が著作を有する教用図書を使用しなければならない」と規定し、検定教科書または文部科学省著作教科書の使用を義務づけている。この規定は中学校、高等学校、中等教育学校及び特別支援学校にも

準用されている。

　今後予定される学習指導要領の改訂では、一般の「教科」と「特別の教科」の共通性と差異性を整理した上で、教育課程での「特別の教科　道徳」(仮称)を明確に位置づけることが必要となる。したがって「特別の教科」(仮称)においても、学校教育法や学習指導要領などの規定に基づいて教科書が作成され、その使用を義務づけられるのは当然である。

　実際に懇談会においても、「特別の教科　道徳」(仮称)の目標や内容を体系化させ充実させるためには、「どの学校においても、また、どの職員によっても一定の水準を担保した道徳の授業が実施されるようにするための質の高い教材が必要であること」「こうした教材をすべての児童生徒に安定的・継続的に提供するためには、教科書として位置付けることが必要」などの意見が大勢を占めた。

　そもそも教科書検定制度は、教科書の著作・編集を民間に委ねることにより、発行者の創意工夫に期待するとともに、検定を行うことで適切な教科書を確保することをねらいとしている。教育基本法や学習指導要領に基づいた一定の水準を確保した内容の教科書が、民間の発行者の創意工夫と「切磋琢磨」の中で安定的・継続的に提供されることはそれ自体望ましいことである。しかも、それらが無償配布されるのであればなおさらである。

　一方で、教科書が作成されれば授業内容が画一化し、形骸化するという指摘もある。しかし、教科書があっても副教材等を使用することは問題なく、これは他の教科と同様である。「報告」はこの点を「検定教科書が使用される場合でも、道徳教育の特性にかんがみ、地域や学校の実態を踏まえて、教育委員会・学校や民間等の作成する多様で魅力的な教材があわせて活用されることが重要である」と明確に述べている。教科書によって授業内容が画一化し、形骸化するという指摘には説得的な根拠が乏しい。

2．検定基準と執筆基準はどうすべきか

　検定教科書の作成に当たっては、「義務教育諸学校教科用図書検定基準」が定

められている。これによれば、検定教科書は教育基本法が示す教育の目標と学校教育法及び学習指導要領に示す目標が基準となり(総則)、特に学習指導要領への準拠、中立性・公平性、正確性などの観点から教科書の適格性が審査されることになっている。

なかでも、学習指導要領との関係では、「学習指導要領の総則に示す教育の方針や各教科の目標に一致していること」「学習指導要領に示す学年、分野又は言語の「内容」及び「内容の取扱い」に示す事項を不足なく取り上げていること」「学習指導要領に示す目標、学習指導要領に示す内容及び学習指導要領に示す内容の取扱いに照らして不必要なものは取り上げていないこと」(第2章「各教科共通の条件」)が明記されている。また、「政治や宗教の扱いは、教育基本法第14条(政治教育)及び第15条(宗教教育)の規定に照らして適切かつ公正であり、特定の政党や宗派又はその主義や信条に偏っていたり、それらを非難していたりするところはないこと」(第2章「各教科共通の条件」)も明記されている。

道徳の検定教科書の作成に当たっては、他の教科と同様に「義務教育諸学校教科用図書検定基準」の原則が適用されるのは当然である。ただし、道徳が人格全体にかかわる力を育成するという性格をもち、「特別の教科　道徳」(仮称)が、学校の教育活動全体を通じた道徳教育の要としての役割を担うといった他の教科とは異なる特性があることにも留意する必要がある。

例えば、韓国の中学校の道徳教科書の構成では、「各単元は認知的、情意的、行動的側面に関連する内容とし、自主的に学習できるようにする」「各単元は、生徒の学習と省察を促す多様な評価が可能となるように構成する」「各単元では、道徳倫理や規範に対する正しい理解と内面化を通して、日常生活における道徳的問題を解決し、実践できるように構成する」などが求められている(韓国教育課程評価院『初・中等学校教育課程改訂告示第2011―361号による初・中等学校教科用図書編纂上の留意点および検定基準』2011年9月3日。以上は、関根明伸氏による訳)。

道徳の検定教科書の検定に当たっては、「義務教育諸学校教科用図書検定基準」の規定を基準として、道徳教育の特性を視野に入れた「検定基準」とそれに基づく「執筆基準」の作成が求められる。その際、道徳の検定教科書制度を採用して

いる諸外国の事例を大いに参考とすべきことはいうまでもない。

3．道徳教科書の内容をどうするか

　道徳教科書の内容はどうなるのか。「報告」は、「新『心のノート』(仮称)の良さが引き続き生かされるとともに、家庭でも親が子供と一緒に活用できるなど家庭における道徳教育に資するもの」となることを求めた。ここでいう「新『心のノート』の良さ」の具体的な内容は、「報告」がまとめた「心のノート」全面改訂の「基本的な考え方」において明確である。

　「報告」が重視したのは、教育基本法及び学校教育法の教育理念を踏まえ、学習指導要領に定められた内容項目に沿って、「児童生徒が道徳的価値や規範意識について自ら考え、実際に行動できるようになることに資する内容とする」「授業においてより活用しやすい内容・構成とする。(中略)学校の教育活動全体を通じて、また、家庭での生活や学校と家庭との連携の強化、地域での活動等に際しても活用できるものとする」のほか、主に次の点を提案した。

○学習指導要領に示された内容項目ごとに読み物部分と書き込み部分のセットで構成することを基本とし、先人等の残した名言、国内外の偉人や著名人、伝統・文化、生命尊重等に関する読み物など、児童生徒が道徳的価値について考えるきっかけとなる素材を盛り込む。
○児童生徒の発達段階を踏まえつつ、いじめの未然防止の観点、児童生徒の多様性への配慮、「礼」など我が国の伝統・文化に根ざす内容の充実、道徳的実践を促すような具体的な振る舞い方などの「技法」を身に付けること、「食育」「市民性を育む教育」「法教育」の視点、「情報モラル」をはじめ児童生徒を取り巻くリアルな環境の変化などを重視する。

　「報告」はさらに、現行の学習指導要領に示されている項目については、基本的には適切なものであるとしながら、「児童生徒の発達の段階や児童生徒を取り巻く環境の変化などに照らし過不足はないか、児童生徒の日常生活や将来にとっ

て真に意義のあるものとなっているかなどについて改めて必要な見直しを行い、学習指導要領を改訂する必要がある」としている。しかし、新『心のノート』である『私たちの道徳』の「良さが引き続き生かされる」とすれば、以上のような「報告」の提言が道徳教科書の主要な「モデル」や「基準」となることが自然であり、またそうあるべきである。

4．道徳教科書の構成と運用をどうするか

　今後作成される道徳教科書は、改訂された学習指導要領に規定され、「検定基準」や「執筆基準」を踏まえたものになる。このことを前提として、今後作成される道徳教科書の構成と運用についての私見を述べておきたい。
　原則としては、学習指導要領等の内容に沿うものであれば、道徳教科書の構成と運用は、基本的に各教科書会社に任せるといった柔軟かつ弾力的なものでよいであろう。教科書検定制度の基軸といってもよい各出版社の創意工夫と「互いの切磋琢磨」による質の向上に基本的な信頼を置くべきである。
　本書でも提案されているように、筆者自身も学習指導要領の内容項目はより体系化され構造化されるべきであり、核心的価値（コア・バリュー）を精選することで、それを評価基準と連動させる必要があると考える。この点を視野に入れた上で、次のような提案をしたい。

①道徳教科書は、学習指導要領の内容項目すべてを網羅し、原則として一つの内容項目に一つの教材が配当されていればよい。仮に現行の内容項目に当てはめると、中学校では最低24の教材が用意されていればよく、現在の多くの副読本のように35時間（中学校１年生では34時間）分の教材を用意する必要はない。その選択は原則として教科書会社の編集方針に委ねる。
②「報告」が提案した「食育」「市民性を育む教育」「法教育」「情報モラル」などの現代的な課題を入れた教科書とする。例えば、それは中学校の24の内容項目と関連させて扱ってもよいし、また、「重点教材」「発展教材」といった

項目として構成・編集してもよいものとする。

③先人や偉人を扱う資料や現代的な課題を扱うなどの資料では複数時間扱いなどの弾力的な運用を積極的に認め、教材によっては、一つの教材に複数の内容項目が配当されてもよいものとする。つまり、この場合、中学校では必ずしも24の教材が用意されなくてもよいものとする。

④学習指導要領の内容項目を取り扱えば、年間指導計画に道徳教科書のすべての教材を配当する必要はない。例えば、中学校で24項目を道徳教科書で学習すれば、残りの時間は地域や学校の実態に応じて弾力的かつ柔軟な運用を認めることとする。この場合、必ずしも道徳教科書を使用しなくてもよいものとする。

以上のように、本書で示したような道徳教育の目標・内容・方法の抜本的な見直しが行われ、その枠組みが担保されれば、道徳教科書は、基本的に民間発行者の創意工夫を生かした多様な教科書を認めるべきである。

「報告」が提案するように、「児童生徒の多角的・批判的な思考力・判断力・表現力等の発達の観点等に十分配慮した創意工夫ある良質な教科書」は、各出版社の創意工夫と「互いの切磋琢磨」によってこそ達成されるはずだからである。これまで蓄積されてきた副読本等の成果とともに、検定・採択を通した検定教科書制度の機能と役割を信じたい。

〈参考文献〉
- 貝塚茂樹 (2013)「道徳教科書のあり方を考える」『道徳の時代がきた！―道徳教科化への提言―』教育出版

6 『私たちの道徳』の活用から設計する

押谷　由夫

　『私たちの道徳』は「特別の教科　道徳」の教科書代わりになるものではない。しかし、「特別の教科　道徳」の特性を生かした指導に不可欠なものである。副読本や郷土資料、各学校が開発している資料などとうまく併用することによって、道徳教育の要となる「特別の教科　道徳」の先導的取り組みができるのである。

1. 『心のノート』に託された願い

　『私たちの道徳』は、平成14年に開発され使用されてきた『心のノート』の延長にある。では、『心のノート』はどのような意図のもとにつくられたのか。
　道徳教育の改善は、子どもたちの悲しい事件が起きるたびに強調され、学校側の対策に関する事業の充実や、教師用指導資料の作成、配布などが行われる。しかし、なかなか子どもたちに届かない。そこで、発想を変えて、子どもたちに直接わたせる指導資料（教材）の開発に取り組んだのが、『心のノート』事業である。
　『心のノート』作成に込められた願いをまとめるとするならば、大きく次の3点を挙げることができる。

(1) 子どもたちの一生の宝となる心のプレゼント

　学校における道徳教育は、生涯の支えとなる人間らしい心のおおもとである道徳的諸価値を身につけ、自分らしく発展させていける子どもを育てるものである。それは、人間として生きる誇りを培うものでもある。小学校や中学校で学んだ道徳的価値は一生の財産となる。その学習を純真な気持ちで取り組んだ記録が残っていれば、一生涯を通しての宝物となる。しかも、日本中のすべての子どもたち

が活用できることから、『心のノート』を通して日本中の子どもたちと意見を交換し、心を通わせ合うことができる。

(2) 学校教育全体を通じて行う道徳教育の学習教材

『心のノート』は、学校教育全体で取り組む道徳教育に活用できる学習ノートとして開発された。学校における道徳教育を充実させるためには、全教育活動における道徳教育の充実と、それらと関連をもたせながら「道徳の時間」の学習の充実を図らなければならない。そのためには、教材が不可欠である。「道徳の時間」の教材としては、「副読本」等がある。もう一つ、学校教育全体で取り組む道徳教育に使えるものが必要である。それが『心のノート』である。

『心のノート』の活用によって、各教科等における道徳教育を子どもたちが具体的に理解できるようになる。また、「副読本」等と関連をもたせることで、「道徳の時間」が道徳教育の要としての役割をいっそう果たせるようになる。

(3) 学校から発進して社会を変えていく

道徳教育の充実には学校・家庭・地域との連携が不可欠である。そのためには学校で行う道徳教育が、家庭や地域でも理解できるようにしなければならない。『心のノート』は、学校で行う道徳教育の内容がよくわかるようになっている。しかも、その内容は、人間であれば誰もが大切にしなければならないものである。大人の心をも癒し、勇気づけ、生きがいのある生き方へと駆り立ててくれる。『心のノート』は、子どもたちがよりよく生きようとしている姿を大人に示してくれると同時に、大人自身の道徳心を目覚めさせてくれるものでもある。『心のノート』の活用で、家庭や地域を巻き込んだ学校発進の道徳教育が可能となる。

2．『私たちの道徳』(新『心のノート』)改訂の意図

『心のノート』が大幅に改訂され、名前も『私たちの道徳』と改められた。その意図は何か。『心のノート』の大幅改訂が提案されたのは、道徳の教科化が提

案されると同時にであった。つまり、安倍首相の諮問機関といってよい教育再生実行会議は、いじめ対策の第1に道徳教育の充実を挙げ、道徳の教科化を提案した。その中に、「道徳の教材の抜本的充実」が挙げられていた。下村文部科学大臣は、記者会見で『心のノート』の全面改訂を提案し、もっと道徳の時間に使えるものにし、道徳的価値意識をより子どもたちに伝えられるものにしたいと述べている。また、『私たちの道徳』は、教科書代わりにするのではなく、これを参考に新しい教科書をつくってほしい、さらに家庭でも話し合えるようにしてほしい、とも述べている。

つまり、先にあげた『心のノート』の性格は変わっていないのである。何が強調されたのかといえば、現在審議されている「特別の教科　道徳」に求められる「道徳の特性を踏まえた新たな枠組みによる教科化」に資する教材に求められる、「道徳の時間を要として様々な教育活動や日常生活、家庭や地域での生活と響き合う指導をより具体化できるようにする」ということである。

『心のノート』は、全教育活動で使用できる教材・学習材として開発された。それは、道徳教育は全教育活動を通して行われ、その要として道徳の時間があることから、全教育活動で行う道徳教育に活用できる教材と道徳の時間に活用できる教材が必要であり、それらを響き合わせることによって道徳教育が充実するととらえているからである。つまり『心のノート』は「道徳の時間」の教材と響き合うことが重要なのである。今回の改訂は、このことをより具体化しようとするものなのである。それは新しい「特別の教科　道徳」の趣旨を具体化するものでもある（なお、「特別の教科　道徳」の趣旨を具体化するには、もう一冊、道徳的価値の自覚を計画的発展的に深めることを「特別の教科　道徳」を要に正面から追究できる教材が必要である）。

『私たちの道徳』には、道徳の時間に使える読み物資料が、小学校ではそれぞれ12～13資料、中学校も10資料掲載されている。その意味は、道徳の時間において、この中の読み物資料を使った授業をするときには、『私たちの道徳』を事前や事後の学習においても使い、道徳の時間の指導と響き合わせられるように具体的に示しているのである。そのことを参考にしながら、道徳の時間に別の資料を

使って授業を行った場合でも『私たちの道徳』と響き合わせる指導（さまざまな教育活動や日常生活などと響き合わせる指導）を工夫できる。

したがって、道徳の時間の指導においては、『私たちの道徳』以外に主教材を用意する必要がある。それは、副読本を中心として、地域教材や学校独自に開発した資料などである。それが確保されていて、つまり、道徳の時間の独自教材と『私たちの道徳』が揃えられていて、道徳の時間と他の教育活動での道徳教育とが響き合える指導が充実していることで、提案されている「特別の教科　道徳」への対応ができるのである。

おそらく「特別の教科　道徳」の教科書として開発されるものは、それらの要素をうまく取り入れ、道徳学習をより魅力的に、より効果的に行うための工夫が盛り込まれたものになるはずである。

3．『私たちの道徳』をいかに活用するか

(1) 道徳の時間での活用　―総合道徳を確実に行う―

『私たちの道徳』は、道徳の時間には、いつも持ってくるようにする必要がある。使用する方法は、多様である。

掲載されている読み物資料を使う場合は主資料となる。また他の読み物資料等を使って道徳の時間の授業をしたあとで課題を出しておき、次の時間でその課題について、『私たちの道徳』の中の該当する内容項目の部分を見ながら、話し合いを深めていくこともできる。さらに、ときどき、以前に授業で取り上げた内容項目全体を、使用した副読本や資料、道徳ノートなどと照らし合わせながら見て、学習したことを確認しつつ、自らを内省するような授業も考えられる。

そのようなこと以外に、事前の学習に使ったり、導入に使ったり、話し合いのときに参考にしたり、終末に使ったり、事後の学習に意図的に使うように投げかけたりできる。道徳の時間で毎回必ず使うように工夫するのである。道徳の時間の年間指導計画には、そのことも併せて示しておく必要がある。

特に強調したいのは、道徳の時間と他の教育活動や日常生活と関連をもたせた

指導での活用である。それを総合道徳と名づけたい。

　具体的には、どのように行うか。例えば、『私たちの道徳―小学校5、6年』の「1　自分をみがいて」の「(2)希望と勇気をもってくじけずに」(18〜27ページ)を例に考えてみよう。ここには、読み物資料が掲載されている。「ヘレンと共に―アニー・サリバン―」である。道徳の時間では、この資料を使って、アニー・サリバンやヘレン・ケラーの生き方に学びながら、道徳的価値の自覚を深める授業を計画する。そのあと、今日家に帰って18〜19ページを見ながら「今あなたが描いている夢を書きましょう」の欄を書くように課題を出す。その週の学級活動で、自分の夢を出し合いながら自分の当面の目標を考える授業を行ってもよい。

　そのことを踏まえて、次の道徳の時間に、26〜28ページに掲載されている「夢に向かって確かな一歩を」を使用する。その時に、イチロー選手が実際に書いた作文を用意しておくとよい(インターネットで入手できる)。イチロー選手との対話を深めながら自分自身を見つめるのである。そして、20ページの「目標に向かって努力を重ねた人たち」を紹介し、総合的な学習の時間に図書館を利用して伝記を捜し「私が学びたい人物」を探して、21ページの欄に書いてみよう、と進めていくこともできる。子どもたちは、そのような継続的な学習の間中、『私たちの道徳』の18〜28ページをずっと見ることになる。そして、自分なりの道徳ノートを作ったり、調べてきたことなどをつけ足したりして、この部分に書かれていることが、自分のものとしてとらえ直していけるようにするのである。

(2)　学校経営・学級経営での活用

　道徳教育は、学校教育の中核に位置づくものである。とすれば、その要となる「特別の教科　道徳」は学校経営、学級経営の柱となるようにしなければならない。その方法として『私たちの道徳』を活用するのである。

　例えば、校舎や教室の環境づくりに活用する。『私たちの道徳』の中から魅力的なページや言葉を探して掲示したりする。また朝の会、帰りの会などでも『私たちの道徳』の中に書いてあることを日常的に話題にしたり、学校だより・学級だより等で紹介したりする(家庭で使っている例も含めて)。また、学校評議員

会や懇談会等でも、積極的に紹介したり、活用したりすることができる。

(3) 各教科、特別活動、総合的な学習の時間等での活用

　『私たちの道徳』をさまざまな学習活動や日常生活で活用するためには、常に子どもたちのそばに置いておく必要がある。例えば、教科の授業においては、必ず『私たちの道徳』も机上に出しておくようにする。授業に集中しなくなったときは、集中して聞くことの大切さが書かれてあるページを開いて確認するといったこともできる。授業が終わったあとで今日の授業で特に大切にしたことを『私たちの道徳』の中から探してみよう、などと投げかけることもできる。

　また学級活動や総合的な学習の時間においては、主教材として使うことができる。『私たちの道徳』には、このように書かれているけれども、私たちのクラスはどうだろうか。どうすればこのようなことが実現できるのだろうかと、課題を提起し、具体的に話し合っていくこともできる。また、ここに書かれていることを実際に取り組んでみようというかたちで学習活動を組むこともできる。

(4) 家庭、地域、他の学校等との連携・交流

　『私たちの道徳』に書かれていることは、日本国民として身につける必要がある道徳的価値について、子どもたちにわかりやすく書かれている。それらの内容は、当然保護者や地域の人々にも必要とするものであり、確認したい事柄である。大人自身が自らを見つめ直すと同時に、子どもと一緒に考え、学び、取り組むことができる道徳教材でもある。

　『私たちの道徳』の中の気に入った言葉やページを家庭の中でも掲示したり、常に話題にしたりすることによって、家庭の風土を道徳的なものにしていくことができる。また、地域の掲示板にも貼ってもらったり、地域の文化教室や学習教室などでも活用してもらったりすることによって、地域文化や風土そのものを暖かなものにしていくことができる。ほとんどの自治体で住民憲章のようなものが作られているが、それらは『私たちの道徳』と響き合うものである。家庭や地域での積極的活用を促すような計画をぜひ取り入れたい。

松本美奈の言々句々

道徳とは何だろう ②

14億円の期待

「道徳とは、何の時間でしょう」。講師を務める元小学校長が投げかける問いかけに、受講していた24人が首をかしげていた。東京都教育委員会が3月1日に行った採用前教員対象の研修。道徳を研修の対象にするのは、今年が初めての試みだ。

「自分で考え、判断し、行動できる人間を育てる。それが道徳です」と講師は答えを披露した上で、授業計画の作り方や読み物資料の使い方などを、授業風景を撮影したビデオを使いながら解説した。

道徳の教科化は早ければ2015年度に迫っている。だが3時間の研修では、「教科化」という言葉すら出てこなかった。「まずは4月から困らないように」(都教委)という"対症療法"だからだ。

実際、講師が受講者たちに小中学生の時にどんな道徳授業を受けたか尋ねたところ、大半の答えが「ほとんど記憶がない」。手を打たなければならない事情はある。

〜∞〜∞〜

「道徳教育の充実」が急浮上したのは、2011年に大津市で起きた中学生のいじめ自殺がきっかけだった。今年度予算は14億円で、昨年度当初比に比べて6億円増えた。文部科学省全体の予算の増加額が68億円、伸び率は0.1%。道徳関連予算の伸び率の大きさに、力の入れようが見て取れる。

予算の半分、7億円を費やすのは、地域で開かれる支援事業への補助。外部講師を招いて講演会を開いたり独自の教材を作ったりする自治体の活動を支援し、地域と学校の連携強化を図る。13年末、文部科学省の有識者会議がまとめた報告書で、社会に広がる道徳への歴史的な「アレルギー」を払拭し、社会全体で充実させる必要性が訴えられた。それを意識したものだ。

外堀を埋めるだけでは、道徳教育の充実は難しい。やはり教員養成だ。現場教員を指導する立場にある学校管理職者や教育委員会担当者らを対象にした研究会の開催費として1億円も計上した。

だが、なんといっても今回の注目は、教材だろう。すでに2013年夏には民主党政権下で中断されていた「心のノート」の配布を復活したばかり。7億円もかけての事業だったが、その内容を半年足らずで全面的に改訂し、偉人伝や物語を盛り込んだ「私たちの道徳」としてまとめた。全国の小中学校に配布されたのは2014年4月。年内に作成、配

布する教師用の指導書も含め、計6億円が投じられる。新しい「道徳」のキックオフとなる、その内容、例えば、小学校1・2年生の教材を開いてみると──。

1　自分をみつめて
　(1)　きそく正しく気もちのよい毎日を
　　　　読みもの　『るっぺ　どうしたの』
　　　　　　生活をふりかえってみよう
　(2)　自分でやることはしっかりと
　　　　読みもの　『小さな努力のつみかさね　─二宮金次郎』
　(3)　よいと思うことはすすんで
　　　　読みもの　『ぽんたとかんた』
　　　　　　してはならないことがあるよ
　(4)　すなおにのびのびと
　　　　読みもの　『お月さまとコロ』
2　人とともに
　(1)　気持ちのよいふるまいを
　　　　読みもの　『たびに出て』
　　　　　　せかいの「こんにちは」「ありがとう」
　(2)　あたたかい心で親切に
　　　　読みもの　『はしの上のおおかみ』
　(3)　ともだちとなかよく
　　　　読みもの　『およげないりすさん』
　(4)　お世話になっている人にかんしゃして
3　いのちにふれて
　(1)　いのちを大切に
　　　　読みもの　『ハムスターの赤ちゃん』
　　　　　　生きているってすばらしい
　(2)　いきものにやさしく
　　　　読みもの　『虫がだいすき　─アンリ・ファーブル』
　(3)　すがすがしい心で
4　みんなとともに

(1)　やくそくやきまりをまもって
　　　　読みもの　『黄色いベンチ』
　　　　きまりカルタ
　(2)　はたらくことのよさをかんじて
　　　　読みもの　『森のゆうびんやさん』
　(3)　家族のやくに立つことを
　(4)　学校の生活を楽しく
　(5)　ふるさとに親しみをもって
　　　　読みもの　『ぎおんまつり』

　正直言えば、これが道徳なのか、と目を疑った。あまりにも結論ありき。教員にも、そして、教材を開く子ども自身にも。それは、項目ごとに子ども自身に書き込ませる欄のありようにも如実に表れている。例えば2の(2)では、「お年寄りにはどのようなことをするとよろこばれるでしょう」と記入させる欄があり、ごていねいにも、おばあさんの肩をたたく女の子や、おじいさんの荷物を持つ男の子のイラストが描かれている。こうした傾向は、高学年になっても変わらない。
　こんな感想は門外漢の素人だからかもしれないと思ったら、意外にも、現場の教員たちからも違和感を訴える声が相次いで耳に入ってきた。「目次を見ただけで、道徳でどんな子どもを育てたいかが見て取れる」「子どもは賢いから、すぐに先生が何を求めているか読み取り、先生の思い通りの答えを書いてくるだろう」。その一方で、こんな声も。「便利な教材」「今までテレビのスイッチを入れるだけの教員には、うってつけかも」……。
　都教委の研修会では、道徳のねらいを「自分で考え、判断し、行動できる人間を育てる」としていた。その言葉の妥当性について異論もないではないだろうが、では、この教材に「自ら考え」させる余地はあるのだろうか。

　「道徳？　何を学んだか覚えていないけれど、少しわかったかも」「とりあえず、授業をやってみます」。都教委の研修を受講した新米教員たちの表情には、ひとまず未知の分野をのぞいた安堵と、戸惑いがあった。こうした人たちが、与えられた「私たちの道徳」を使い、どんな授業をするのだろうか。14億円の期待、その先行きはまだ見えない。

第3章

諸外国の道徳教育から　　「特別の教科　道徳」を設計する

1 コンピテンシーと価値をつなぐ

西野　真由美

1．コンピテンシーを道徳教育の視点で見る

　明治以来、日本の学校教育は、カリキュラムを知育・徳育・体育、いわゆる「知・徳・体」の三体系で示してきた。この枠組みを提唱したイギリスの教育学者 H. スペンサー (Herbert Spenser：1820～1903) の『教育論』(1860) によれば、その意図は、人が自分の人生を生きるために学校ではどんな知識や能力を育成すべきかを明らかにし、知育・徳育・体育の観点からそれらの指導原理を示すことにあった。しかし、この枠組みは学校カリキュラムにおいて、三者を「いかに生きるか」という問題として総合的にみるのではなく、個別の教科や領域を知・徳・体のそれぞれに対応するかのようにとらえ、いわば分業的に育てる方向に働いてきたように思われる。

　しかし、現代では、この三者の相互関係、心と体や認知と情意のかかわりに注目し、その働きを統合的にとらえようとする見方が鮮明になってきている。本書で触れてきた OECD のキー・コンピテンシーという考え方も、学校で学ぶことで何ができるようになるべきかという視点で学校カリキュラムを総合的にとらえ直すことによって、自律や協働などこれまで「知」の外にあった資質や能力を広義の学力として位置づけようとしているといえよう。

　日本の学校教育は先の学習指導要領から「生きる力」の育成を理念として掲げてきた。中央教育審議会答申 (2008年1月) は、この生きる力について、「社会において子どもたちに必要となる力をまず明確にし、そこから教育の在り方を改善するという考え方において、この (OECD の　※引用者注) 主要能力 (キー・コンピテ

ンシー）という考え方を先取りしていた」と位置づけている。今回の学習指導要領が、「確かな学力」「豊かな人間性（心）」「健康や体力」の調和を改めて重視しているのも、この考え方に立ったものだといえるだろう。

　このように日本も含めて世界の学校教育が「コンピテンシー（生きて働く力）」を育てようとしている今、道徳教育には、この課題にどう応えるかが問われている。これまで世界各国の道徳教育は、学校教育で育成しようとする価値を何らかのかたちで示してきた。それらの価値は、今日の学校教育が育成を目指す力とどうかかわるのか。価値について学ぶことで、子どもたちは何ができるようになるのか。コンピテンシーに基づく学校教育改革の中で、道徳教育は、育てたい力と価値をどうつなぐかという問いに方向を示さねばならない。

　キー・コンピテンシーを提起したOECDのプロジェクト―DeSeCo (Definition and Selection of Competencies)―では、コンピテンシーをこれからの社会において、「個人の人生の成功」と「うまく機能する社会」の両方に資するものみなしている。それは、能力だけでなく、社会の中で個人が生きていくために必要な知識・スキル・態度などを含む総合的な力として位置づけられる。そのコンピテンシーと価値とのかかわりについて、このプロジェクトはこう指摘している。「コンピテンシーが集団のさまざまな目標の実現に資するために必要とされるものである限りにおいて、キー・コンピテンシーは、ある程度、共有価値への理解に基づいて選択される必要がある。それゆえ、コンピテンシーの枠組みは、これらの共有価値の中にしっかりとつなぎとめられている」（OECD, 2005）。

　OECDは、社会で共有されている価値をコンピテンシーの枠組みを支え、固定する錨（アンカー）にたとえている。現在、コンピテンシーの考え方は、各国の教育課程に取り入れられているが、それらはいずれも、各国の伝統や文化、共有価値を支えとして構想されているといえよう。では、世界や我が国でこれまで提起されてきたコンピテンシーや資質・能力を日本の道徳教育の視点でとらえると、それらはどう位置づけられるだろうか。

　表1・2では、日本の学習指導要領「道徳」の「内容」の枠組みに従って、各国や機関で提起された資質・能力を整理してみた。なお、各国の資質・能力には、

「他の人とのかかわり」と「集団や社会とのかかわり」を一体的にとらえた例もあるため、これに合わせて、表1・2ともに「内容」の視点3と4を並び替えて示している。また、道徳の「内容」の枠組みに位置づけられる資質・能力を取り出しているため、思考力や言語・数量、ICTにかかわる能力など、道徳の「内容」に直接対応しない資質・能力は本表には分類していない。

表1　世界で提起された資質・能力

	OECD-DeSeCo	EU ※1	21世紀型スキル ※2	オーストラリア（汎用的能力）	フランス（共通基礎）	シンガポール Curriculum 2015
自分自身	自律的な活動力（大局的に行動する能力・人生設計や個人の計画を作り実行する能力、権利、利害、責任、限界、ニーズを表現する能力）	進取の精神・起業家精神	人生とキャリア（柔軟性・適応性、進取・自己の方向づけ）	個人的・社会的能力	倫理的理解	自律性・自発性	自己意識 自己管理 責任ある意思決定
他の人	異質な集団での交流力（他人と円滑に人間関係を構築する能力、協調する能力、利害の対立を御し、解決する能力）	社会的・市民的コンピテンシー 文化意識	コミュニケーションと協働 生産性 リーダーシップと責任	異文化間理解	社会的・市民的コンピテンシー	関係管理
集団や社会			社会・文化横断スキル 創造と革新			文化意識 公民リテラシー グローバル意識
自然						

※1　EUの機関である欧州委員会に設置の「EURYDICE（ヨーロッパ教育情報）ネットワーク」が策定した「EUの普通義務教育におけるキー・コンピテンシー」

※2　アメリカの教育団体や企業を中心に2002年に設立された「21世紀スキルパートナーシップ」が展開する「21世紀型スキル」運動が提起した枠組み

表2　日本で提起された資質・能力から

	学士力 ※1	基礎的・汎用的能力 ※2	高等学校教育のコア ※3	中央教育審議会答申（平成20年1月）※4
自分自身	自己管理力 生涯学習力	自己理解・自己管理能力 キャリアプランニング能力	自己理解・自己管理力 主体的な行動力	自己理解（自尊・自己肯定） 自己責任（自律・自制） 健康増進 意思決定、将来設計
他の人	コミュニケーションスキル	人間関係形成力	人間関係形成力	協調性・責任感 感性・表現 人間関係形成
集団や社会	チームワーク リーダーシップ 倫理観 市民としての社会的責任	社会形成力 課題対応能力	社会的な責任を担い得る倫理的能力 社会の一員として参画し貢献する意識・態度	責任・権利・勤労 社会・文化理解 課題発見・解決
自然				生命尊重 自然・環境理解

※1　中教審答申「学士課程教育の構築に向けて（答申）」（平成20年）に態度・志向性として挙げられている。なお、「コミュニケーションスキル」は汎用的技能に分類されている。

※2　中教審答申「今後の学校におけるキャリア教育・職業教育の在り方について（答申）」（平成23年）に、社会的・職業的自立、社会・職業への円滑な移行のための「基礎的・汎用的能力」として挙げられている。

※3　中教審「初等中等教育分科会高等学校教育部会　審議まとめ　～高等教育の質の確保・向上にむけて～（案）」（平成26年）で示された、すべての生徒が共通に身につける資質・能力「コア」

※4　中教審答申「幼稚園、小学校、中学校、高等学校及び特別支援学校の学習指導要領等の改善について」（平成20年）に重要な例として整理されている。

では、これらの表から「見えるもの」と「見えないもの」に注目してみよう。
　まず、「見えるもの」として注目したいのは、各国で挙げられている資質・能力に共通の傾向がみられることである。例えば、各国や機関がほぼ共通に重視している力として、自己管理力や人間関係を築く力がある。社会のさまざまな課題を解決していく力も表現は異なるが共通といえるだろう。それに対して、「自然とのかかわり」がほとんど挙げられていないことにも気付く。
　「自然とのかかわり」が資質・能力として提起されていないのはなぜだろうか。一つには、現代社会において「自然とのかかわり」が主に環境問題を指すため、「持続可能な社会づくり」として「社会とのかかわり」の中に位置づけられるからだろう。我が国も含む世界各国で推進されているESD（持続可能な開発に関する教育）において重視されている資質・能力に着目してみると、文化や価値観の多様性の尊重、相互依存性を意識すること、責任ある社会参画など、自然と社会を広義の「環境」として一体的にとらえて育成すべき資質・能力が提案されていることがわかる。しかし同時に、ESDでは、「有限性」や「不確実性」など、資質・能力の表には示されていないキーワードが重要な位置づけにあることにも注目すべきだろう。「有限性」という概念では、人間の能力を制御したり限界づけたりするような「自然」の存在が強く意識されている。このことは、資質・能力の育成という視点からではみえてこないような、人間性や価値にかかわる別の側面がありうることを示唆している。「自然」や「生命」という、資質・能力の枠組みではとらえきれない、いわば資質・能力の「外部」にあるような内容を扱っていることは、日本の道徳教育の大きな特徴といってよいだろう。
　「見えるもの」としてもう一つ指摘したいのは、各国が能力や力として挙げている内容をよくみてみると、それらが価値を含まないとはいいきれないことである。例えば、自律、進取、協調、責任など、日本の学習指導要領の「内容」で挙げられている価値が表中に示されている。さらに、各国においてこれらの資質・能力は、「他者の尊重」や「公正」といった民主主義的な諸価値などの価値と結びつけて説明されている。まさしく、これらの価値がコンピテンシーを社会につなぐ「錨」となっているのである。各国において共通に重視されているこれらの

諸価値は、資質・能力の育成と価値の学習とをつなぐ道徳教育を構想する上で、中核となる重要な概念であるといえよう。

では、これらの表からだけでは「見えないもの」は何だろうか。

表に見るように、複数の国や機関が同じ名称の資質・能力を挙げている。しかし、そこで目指されているものは同じなのだろうか。表からだけではそれを支えている各国の価値観はみえない。例えば、「関係形成」や「コミュニケーション」など、他者とのかかわりに関する能力は共通して挙げられている。しかし、「コミュニケーション」にはどんな力が必要か、コミュニケーションで大切なものは何か、とさらに具体的に問えば、各国の答えは必ずしも同じとは限らないだろう。

コミュニケーション力や対人関係能力を育てようとするとき、日本文化における非言語も含むコミュニケーションの在り方や「礼儀」のように人間関係形成において伝統的に大切にされてきた価値を抜きに、コミュニケーションのスキルを学ぶだけでは、日本社会で有効な力とはならない。その一方で、グローバルな社会におけるコミュニケーションでは、日本型のコミュニケーションとは別の振る舞いが求められる。一口に「コミュニケーション」といっても、求められる力や価値は決して一様ではない。

このように、世界各国が育成しようとしている資質・能力を道徳教育の視点でみてみると、求められる資質・能力像自体に、それぞれ社会で共有されている価値や伝統、グローバル社会で必要とされる価値、そして、個々人が大切にしたい価値など多様な価値が顕在的・潜在的に示されていることがわかる。

日本の道徳教育において資質・能力を育てるという課題に向き合うためには、世界の潮流をそのまま受け入れるのではなく、日本が培ってきた強みやよさを生かしつつ、これからの社会で育てたい資質・能力とこれまで日本の道徳教育が育ててきた価値とをつなぐことが必要だろう。資質・能力と社会をつなぐ「錨」がなければ、現代社会で求められる資質・能力の育成を目標に掲げても、上滑りに終わってしまうかもしれない。しかし同時に、その「錨」は、新しい価値創造への飛躍を引き止めるものであってはならない。世界の教育改革において、知識・技能だけでなくコンピテンシーが重視されるようになった背景には、変化の激し

い先の見えないこれからの社会を生きる子どもたちに、さまざまな人々と協働しつつ、主体的に新たな文化を創造する担い手となってほしいという願いがある。「コンピテンシーと価値をつなぐ」ためには、未来を拓く子どもたちにどのような価値を教えていくべきかという視点で、私たち大人世代が、既存の価値やそれを伝える教育の在り方を見直していくことが必要である。

2．コンピテンシーと価値をつなぐカリキュラムを設計する

　では、具体的に、「特別の教科・道徳」において、「内容」である諸価値と育てたい資質・能力をつなぐには、どうすればよいだろうか。

(1)　四つの視点で「育てたい力」を示す

　前掲表で確認したように、OECDのコンピテンシーをはじめ、各国の資質・能力の枠組みは、思考力や言語・情報等特定の領域にかかわる能力を別にすれば、「自己」「他者（人間関係）」「社会・文化」という三つの軸で再構成することができる。これらの資質・能力を日本の道徳教育の四つの視点（主として自己自身に関すること、主として他の人とのかかわりに関すること、主として自然や崇高なものとのかかわりに関すること、主として集団や社会とのかかわりに関すること）のそれぞれの目標として掲げることによって、「内容」に当たる諸価値の学習を通してどんな力を育てたいかを具体的に示すことができる。ただし、「主として自然や崇高なものとのかかわりに関すること」については、人間中心主義的な見方を越え、有限性や超越性が意識された内容であり、「育てたい力」だけを掲げるのはなじまないという指摘もありえよう。この点を考慮して、四つの視点の目標を「育てたい力を含めて、目指す子どもの姿」で記述することを提案したい。

　例えば、「主として自己に関すること」については、「目標を決めて計画を進めることができる」「さまざまな情報を基に自分で選択し、決定できる」。「主として他の人とのかかわりに関すること」については、「多様な意見のよさを理解し、協同で課題を達成することができる」などを学年目標として示し、内容をそのも

とに位置づけるのである。

　その際、上で確認したように、特に資質・能力と親和性の高い、いわば諸価値の中核となるような、より包括的な位置づけにあると考えられる価値をこれらの目標に盛り込むことも検討してよいだろう。具体的には、自律、尊重、協働、公正などである。諸外国には、学習において中心的な位置づけとなる価値や概念を「中核価値」（シンガポール）、「包括的概念」（イギリス）などとして提示している例もみられる。

　四つの視点のそれぞれに目標を示すことは、現在、各視点のもとに並べられているだけの内容項目を子どもの姿として一つにとらえ、目指す子ども像を学校として共有できるという意義もある。これを学校の全体計画で示すことによって、「育てたい力」を意識した授業づくりにつなげたい。

(2)　問題解決的な学習活動を展開する

　各国が挙げている「個人的コンピテンシー」では、さまざまな価値の葛藤する場面や状況において、主体的に選択し、意思決定する力が重視されている。ここで特に注目したいのは、これらの能力を育成するには、具体的な問題状況を批判的に考察し、自分なりの解決を見いだしていく学習活動が有効であると考えられていることである。

　問題解決的な学習は、学習指導要領の総則に位置づけられており、各教科や特別活動、総合的な学習の時間では、それぞれの特質に応じた問題解決的な学習が展開されている。それらに比べると、道徳では、問題解決的な学習が積極的に取り入れられているとはいえない状況であった。しかし、コンピテンシーの育成を意識した道徳授業では、価値について考えるという特質を生かした問題解決的な学習の構想が求められる。これは、コンピテンシーが、実生活や実社会で生きて働く力として想定されていることと関連している。つまり、道徳教育におけるコンピテンシーとは、生活の中で出会う具体的な道徳的問題をさまざまな人々とかかわりながら解決していくことができる力なのである。実際、私たちが日常で出会う道徳的問題は、さまざまな価値の中から自分は何を大切にしたいかを選択し

なければならないジレンマ状況や、ある価値（例えば「思いやり」）をある状況において真に発揮するにはどう行為すべきなのかという問いとして現れる。こうした問題状況を学習できる教材や学習過程を開発していくことで、子ども自身が価値と力をつないで考えられる授業が実現できるだろう。

(3) 現代的教育課題を考える

現代的教育課題であるキャリア教育、ESD、健康教育、食育、法教育、消費者教育などは、いずれも育てたい資質・能力と価値の両方を想定している。例えば、食育では、食事について「自ら管理していく能力」、マナーや食事を通じた「人間関係形成能力」とともに、「食物の生産等にかかわる人々へ感謝する心」、地域の産物や食文化を「尊重する心」などが指導の目標に挙げられている。したがって、これらの課題の学習は、道徳の授業においてコンピテンシーと価値をつなぐ教材を提供してくれる。

諸外国をみると、例えばシンガポールでは、人格・市民性教育のカリキュラムの中で、情報モラルに関する学習を年間5時間設定するなど、一定の時間を現代的な教育課題にあてるよう定めている。イギリスでも、性教育や薬物防止教育、キャリア教育など特に重要な課題については必修と定めている。このように、年間授業時数の中で、現代的教育課題を扱う時間を一定時間指定することで、「内容」に示された諸価値を個別に学習するだけでなく、さまざまな価値が含まれる現実的な文脈の中で生き方や在り方について考えることが可能となる。こうした時間を各学校が特に推進している教育課題と結びつけて展開できるようにすれば、学校の創意工夫を生かした、学校主体のカリキュラム開発につながるだろう。

コンピテンシーと価値をつなぐとは、これまで受け継がれてきた諸価値を私たちの時代の言葉で語り直すことである。子どもたちが学校で学んだ価値を社会の中で生きる力にできるように、価値を力に変える道徳教育を構想しよう。

〈参考文献〉
- OECD (2005) *The Definition and Selection of Key Competencies: Executive Summary.*

2 韓国の道徳科から考える

関根　明伸

1．2012年に告示された「道徳」カリキュラム

　2012年7月9日、韓国では教育科学技術部(現在の教育部)より「第2012-14号」が告示され、「総論」とともに、「国語」及び「道徳」のカリキュラムの部分改訂を経た「2012改訂教育課程」が発表された。ただし、「道徳」にとってこの発表はきわめて異例のことであった。前年8月9日にカリキュラムが改訂・告示されたばかりであったため、前回からわずか1年未満で再改訂されたことを意味したからである。2011年の年末に、全国で連鎖的に発生したいじめ(韓国では学校暴力と言う)による自殺事件が、この再改訂を急がせたともいわれている。
　しかし、この「道徳」のカリキュラム(以下、「2012年版道徳」と略)が注目されるのは、こうした理由からだけではない。生命倫理や情報倫理、環境倫理のような現代的課題だけでなく、実践力につながる学習方法や評価方法が盛り込まれることで、「道徳」のアイデンティティと実効性がいっそう追求されているからである。換言するならば、急激な韓国社会の変化やグローバル化、そして現代的課題に対応し得る新しい「道徳」を再設計することで、40年の道徳科教育の到達点と新たな方向性が示されたといえるだろう。本節では、「2012年版道徳」を中心に韓国の道徳科の理念と方向性について整理し、我が国への示唆点を探ることにしたい。

2．「道徳」の位置づけと我が国との相違点

　まず、韓国の「道徳」の位置づけを確認しておきたい。周知のとおり、我が国

の「道徳」(小1〜中3)は教科外の「領域」だが、韓国の「道徳」(初3〜中3)は他教科と全く同格の教科である。よって我が国との相違点は、教科が一般に有する性格や運営方法との差異に認められる。例えば、初等学校では学級担任が授業を担当するが、中学校では「道徳」の教員免許状を有する専任の教員が担う。教科書が使用され、評価も他教科と全く同様に実施されている。

　しかし、学校教育で「道徳」が担う基本的な役割と目的について、そもそも両者に大差はない。韓国でも「さまざまな学校活動との連携」が原則とされ、人性教育(韓国では広義の道徳教育を人性教育と言う)はすべての教育活動で実施される。授業「時間」が、「教育活動の全体を通じて」行う道徳教育の中心的な役割を担う点も同じである。我が国の「道徳の時間」が全教育活動の「要」であるように、韓国の「道徳」は「人性教育の主幹教科であり核心教科」とされているのだ。

　だとするならば、根本的な韓国道徳科の本質と特徴はどこに見いだせるのか。いうまでもなく、それは、「道徳」の教科としての目標や内容等を規定している国家基準カリキュラムにほかならない。具体的には、「2012年版道徳」が示す目標、内容、方法、評価の在り方なのである。

3．韓国「道徳」カリキュラムの目標と内容

(1)「道徳」の目標

　目標をみてみよう。「道徳」の究極的な目標は、「自律的で統合的な人格を形成する」ことにある。ただし、そのために韓国では多角的で総合的な学習が前提とされている点に特徴がある。初・中共通の総括的目標は次のとおりである。

韓国「道徳」の総括的目標

> 　自分と、私たち・他の人、社会・国家・地球共同体、自然・超越的な存在との関係に関する正しい理解をもとに、人間の生に必要な道徳的規範と礼節を学ぶとともに、生の多様な領域で発生する道徳問題に対する感性を育成し、道徳的思考力と判断力、道徳的情緒、実践意思及び能力を通じて道徳的徳性を涵養し、これをもとに自律的で統合的な人格を形成する。　　　　教育科学技術部『道徳科教育』p.5(筆者訳)

まず、ⅰ)「自分」、ⅱ)「私たち・他の人」、ⅲ)「社会・国家・地球共同体」、ⅳ)「自然・超越的な存在」という、「私」との価値関係性からみた四つの領域が設定され、その理解のもとに、「生に必要な道徳的規範と礼節」としての道徳的知識の学習が要請されていることがわかる。我が国では、「道徳的な心情、判断力、実践意欲と態度などの道徳性を養うこと」が目標とされており、知識については特に触れていない点で対照的といえる。

だが、学習は知識レベルにとどまるわけではない。「道徳問題」の課題解決の過程では、「道徳的思考力と判断力」、「道徳的情緒」、「実践意思・実践力」等も同時に育成されていく。つまり、認知的、情意的、行動的な各側面からの多角的な学習と問題解決的な学習を通じて、教科の目標を達成しようしているのである。

(2) 「道徳」の内容
① 価値関係性拡大法に基づく内容項目の設定

内容の構成は、一見すると我が国の「道徳」と非常に近い。すなわち、学習の領域は「私」との価値の関係性が拡大していくように、ⅰ)「自分」、ⅱ)「私たち・他の人」、ⅲ)「社会・国家・地球共同体」、ⅳ)「自然・超越的な存在」の四つに分類・整理され、その各領域から抽出された内容項目が、初等3〜4年で16個、同5〜6年で16個、中学校1〜3年で30個設定されている。領域はカリキュラムのスコープを表し、内容項目の配列はシークエンスを形成している。(内容の体系については、拙稿(2013)「韓国の道徳教育から何を学ぶか」『道徳の時代がきた！』教育出版　を参照されたい。)

② 到達度基準による内容の提示

しかし、その内容項目が到達基準で示されているのは大きな相違点となっている。「対話と葛藤(争い)の解決」の内容項目を例に見てみよう。

「対話と葛藤(争い)の解決」の内容項目(初等5〜6年)

(1) 私たち・他の人との関係
　　　　(中略)
　㋓ 対話と葛藤(争い)の解決

日常生活で発生するさまざまな葛藤の原因と対話の重要性を認識し、さまざまな葛藤について対話を通じて平和的に解決できる道徳的力量と態度を育てる。そのために日常生活のさまざまな葛藤の問題を対話で平和的に解決した場合とそうでない場合の長所・短所を分析し、平和的な葛藤の解決方法について事例を具体的に提示する。
　①　葛藤の種類と葛藤解決の意味と重要性
　②　対話を通した平和的な葛藤解決の方法と過程及び手順
　③　暴力のない学校、学級規則を作る

教育科学技術部『道徳科教育課程』p.16（筆者訳）

　この項目の学習内容は、獲得すべき学習要素の「到達基準（韓国では成就基準）」(achievement standards)によって示されている。例えば、「葛藤の原因と対話の重要性」は知識理解の到達基準を示し、「事例を具体的に提示する」は行動のそれを表している。

　一方、我が国の「道徳」ではどうか。これに近い内容項目には、「主として他の人との関わりに関すること」の中の、「(4)謙虚な心をもち、広い心で自分と異なる意見や立場を大切にする。」(5、6年)がある。ここでは、「謙虚な心」や「広い心」のように、定義づけが困難な言葉が登場するだけでなく、「意見や立場を大切にする」とは具体的にはどういう行為なのか、その指標が明確に示されてはいない。期待される姿勢や態度としての「願い」にも近い表現といえるだろう。

　しかし、韓国では、追究する道徳的知識、心情、行動などが、道徳的能力や道徳性、態度等のいかなる行動に現れるべきなのか、具体的な到達度で示されている。当該項目が学習場面でいかなる意味をもち、道徳的能力や道徳性がいかなる行動に現れて「できるように」なるべきなのかが示されているのだ。こうした表記法は、目標と学習活動を明確にさせ、教師にとっては指導や評価の活動をしやすくさせることにつながっていくと考える。

4．教科書に見られる「道徳」の教育方法

(1) 教科書の単元の展開

　方法はどうか。ここでは、『道徳5』(初等5年)の「3．葛藤を対話で解決する生」(pp.46～65) 単元を手がかりに指導法を考えてみたい。この単元は、次のように三つの小単元と下位の項目で構成され、展開されている。

① 「葛藤とその解決、正しく知ること」

　　最初の小単元は葛藤に関する認知的な学習が中心となっている。「心を開く」では、教室の子どもたちが争う絵を見せて考えさせ、問題を提起する。「一緒に調べましょう」では、葛藤の種類と「対話」の理解のために調べ活動を促す。「心を育てましょう」では穴埋め問題を課すことで、「対話」の重要性を再確認させる。

② 「葛藤を対話で解決すること」

　　次は、情意的な学習と探究活動が中心となる。「心を開く」では、けんかの場面の絵を見せて原因と解決法を考えさせる。「正しく判断してみましょう」では、解決のための「対話」の方法が説明される。また、吹き出しにセリフを入れさせ、適切な言葉遣いを考えさせる。「心を育てましょう」では対話で問題解決した感動的な読み物教材を読む。

③ 「葛藤を共に解決すること」

　　最後は単元のまとめと実践への動機づけが中心となっている。「心を開く」では、読み物教材を読ませ、解決方法を問いかける。「さらに深く探究してみましょう」では第三者の仲裁で解決を図る方法が説明される。「心を育てましょう」では読み物教材を読み、次の「生活の中で実践してみましょう」では仲裁の仕方を学ぶ。そして、「学んだことを整理しましょう」「心に留めておきましょう」「さらに学んでみましょう」で全体を振り返って整理し、実践意欲を高めて閉じている。

(2) 「道徳」の指導方法の特徴

　まず、多角的な視点からのテーマ追究型学習となっている点に特徴がある。各小単元やその下位項目は、ⅰ）道徳的知識や判断力等に関する認知的学習、ⅱ）道徳的感情や意志・態度に関する情意的学習、ⅲ）道徳的実践力や習慣に関する行動的学習のいずれかの学習活動のまとまりである。これらの重層的な反復と展開により、大単元のテーマが追究されていくようになっている。

　また、目的と内容に応じ、授業では多様な技法や手法の活用が奨励されている。『教師用指導書』によれば、授業では講義や説話、ディスカッション、モラルジレンマ学習、ロールプレイ、ICT活動、プロジェクト学習やボランティア活動など、それらの選択的な導入と活用が教師の裁量に任されている。地域や子どもの実態に応じた弾力的な指導方法が容認されているのである。さらに、実効性も強く意識されている。吹き出しへの「セリフ」の記入や仲裁方法の学習など、教材内容と実生活を相互に関連させて現実感をもたせる手立てが散見される。認知的な学力と心情的な学びをいかに実践力に結びつけるのか、そのためのスキル学習やマニュアル学習なども重要な方法の一つとして導入されている。

5．「道徳」の評価方法

(1) 到達基準と評価基準の設定による評価

　評価は、初等学校では数値または記述式で、中学校では数値で行われている。ただし、その主たる目的は判定や評定のためではなく、あくまでも道徳性発達の把握と指導方法の改善のためにある。したがって、評価活動は学習到達度の測定とその分析に主眼が置かれ、ⅰ）価値・徳目の明確化→ⅱ）到達基準の確認と設定→ⅲ）評価基準の設定→ⅳ）等級化、の手順で実施されている。前述の単元の例ならば、ⅰ）「尊重」「礼節」の明確化→ⅱ）「葛藤の二面性を理解し、葛藤を民主的な対話を通じて平和的に解決する意思をもつ」を設定→ⅲ）「二面性を理解」し、「説明できる」か。「対話を解決しようとする意志」があり、「努力している」か。→ⅳ）数値化、となる。表1は、その到達基準と評価基準の例である。

表1 「葛藤(争い)を対話で解決する生」の到達基準及び評価基準の例

到達基準	評価基準		評価方法	評価時期
・葛藤の意味と重要性を理解し、対話を通じて葛藤を解決しようとする心をもつ。	上	葛藤の意味と対話の重要性を説明することができるとともに、対話を通じて葛藤を解決しようと一生懸命に努力している。	・観察評価 ・課題提出物の評価	・授業中及び授業後
	中	葛藤の意味と対話の重要性を説明することができるが、対話を通じて葛藤を解決しようとする努力は不足している。		
	下	葛藤の意味と対話の重要性を説明することができず、対話を通じて葛藤を解決しようとする努力も不足している。		

「T-シェルパ」 http://e.tsherpa.co.kr/ ウェブサイト資料より

(2) 到達度の測定としての評価

評価は、原則的に行動の変容を指標としている。そのため、評価基準は内容と関連させることで「内容＋行動」のかたちで表現されている。例えば、「葛藤の二面性を理解する」ことと「説明すること」がセットであり、説明できることが理解していることの判断基準となっている。

(3) 認知的側面、情意的側面、行動的側面からの評価

ただし、評価は、認知的側面、情意的側面、行動的側面から多角的で総合的に実施される点に注意したい。知識を問う筆記評価や、パフォーマンス評価としての行動観察や口述・論述、討論、発表の評価、成長の過程やその度合をみるポートフォリオ、自己評価や相互評価の併用など、多様な道具と技法の活用により、評価の客観性や信頼性、妥当性を高めようとしている。なお、こうした評価道具や読み物・動画教材、評価基準等は「T-シェルパ」や「i-scream」等のウェブサイトで多数提供されており、多くの教師が有効活用している。

6．我が国への示唆

以上より、韓国の道徳科から我が国へ示唆される点は以下のとおりである。
第一に、学習指導要領の内容項目を到達基準の表現にすることである。「道徳」

の評価が簡単でないのは言うに及ばない。しかし、可能なかぎり内容項目を到達基準のかたちで設定するならば、学習活動の指標や目標が明確になるだけでなく、教師は具体的な指導や評価がしやすくなり、ひいては子どもたちの道徳的実践力の向上につながっていくのではないか。

　第二に、学習指導要領の目標、内容、方法、評価を一体的に再構成することである。目標に準拠した到達基準としての内容項目と評価基準を設定し、さらに評価基準に沿った指導と評価の方法に一貫性が担保されれば、評価の妥当性と信頼性は高まっていく。継続的な成長過程の把握と指導法の改善を進めるためにも、カリキュラムの一体的な構造化が望まれる。

　第三に、認知的側面、情意的側面、行動的側面からの多様な授業方法と多角的な評価方法を取り入れることである。子どもたちが直面する課題は、複合的な要素が複雑に絡み合っているのが普通であり、課題解決には多様な接近方法とそのための能力や実践力が必要とされる。したがって、上記の三側面に沿った指導と評価方法を導入することで、全人的な道徳性の発達を促す道徳教育へとつながっていくと考える。

　最後に、大学の研究者養成や教員養成に関する体制整備の必要性である。冒頭でも述べたが、「2012年版道徳」は韓国の道徳科40年の研究・実践の到達点である。ただし、現在の「道徳」も完成体であるはずがなく、未だ発展途上にあることはいうまでもない。しかし、このカリキュラムが提起したのは単なる小手先の変更や改善ではなく、現代社会が求める「道徳」の一つの「かたち」であり可能性であった。そして、教科教育を支えるための周辺体制の重要性でもあった。

　今後、道徳教育を充実・発展させていくためには、我が国の実情に合ったカリキュラムの開発を進めるとともに、それを支えていく教科教育学的な研究と実践、そして包括的な体制整備が必要不可欠となろう。教科化を契機に、今後の教科教育学的な論議の高まりを期待したい。

〈参考文献〉
- 教育科学技術部（2012）『道徳科教育課程』
- 教育科学技術部（2013）『初等学校道徳5』
- 教育科学技術部（2011）『初等学校道徳5　教師用指導書』
- 「i-scream」　http://www.i-scream.co.kr/
- 「T－シェルパ」　http://e.tsherpa.co.kr/

3 アメリカの人格教育から考える

柳沼 良太

1. アメリカの人格教育の現状

　アメリカの人格教育が台頭した背景や全般的な目標・指導内容・方法などについては、前書『道徳の時代がきた！』の第3章3節で示した。そこで本書では、アメリカの人格教育の制度や実情について概観し、そのあとで具体的な事例として人格教育パートナーシップの11原則とアメリカ教育省の評価指針を取り上げて検討することにしたい。

　まず、アメリカの人格教育に関する法令上の位置づけを確認したい。古くは国家教育法でも言及しているが、そこでは法的拘束力はなく財政支援もなかった。1994年のアメリカ学校改革法に至って人格教育連携に対する補助金がパイロット事業として制度化され、2002年の落ちこぼれ防止法（NCLB法）において人格教育連携プログラムの補助金事業が正式に位置づけられた。多くの州では人格教育の推進に言及しており、約3分の2の州が人格教育を義務づける法律をもつか（例えばニューヨーク州）、州の教育局が人格教育を推進するよう要請している。ただし、ほとんどの州では人格教育に関する特別なガイドラインや教員研修を提供していない。例外的に、バージニア州では15年前に人格教育に関する法律が施行され、あらゆる学校が人格教育計画をどう発展させるかについて州の教育局に計画書を提出し、そしてそのプログラムの成果と評価を報告している。

　また、ほぼすべての州にいじめ防止を義務づける法律があり、その中で人格教育と関連する内容がある。例えば、包括的な人格教育の一環としていじめ防止プログラムを行い、いじめを許さない学校環境の整備、規範意識の向上、規律指導、

親の啓発と関与、いじめの頻度と種類に関するアセスメントなどを行っている。

　人格教育に関する国家的な規定内容や国家的なカリキュラムは特にないため、地域の学区や学校が多大な自律性をもち、それぞれの指導内容と指導方法を選択している。NPO のような民間教育団体が国家規模の標準として「共通する核心的価値 (Common Core Value)」や原則を提示する場合がある。例えば、キャラクター・カウンツでは、核心的価値として「信頼、尊重、責任、配慮、公正、市民性」を掲げている。人格教育パートナーシップでは、次項で示すように「11 の原則」を掲げ、認知的側面、情意的側面、行動的側面を総合的に育成する方針を採っている。ただし、こうした核心的価値や原則は、標準 (standard) だけを示しているのであり、具体的なカリキュラムを提供しているわけではない。それゆえ、それぞれの州が共通する核心的価値や原則を採択することになり、個々の学校や教師がその核心的価値や原則を参考にして、それぞれの目標に見合った授業のデザインを自律的に行うことになる。

　アメリカの人格教育は、各学年の時間数も学校によってさまざまである。意欲的に週 1〜2 時間の「人格の授業 (character class)」を行う学校もあれば、授業はなく学校教育全体で人格教育を行う学校もある。人格の授業を設置している場合は、学級担任が担当することが多いが、学校専任のカウンセラーや心理学者が担当することもある。学校には人格教育の委員会が組織され、校長や副校長など管理職が学校全体で推進している。

　国定や検定の教科書は特にないが、各種団体や出版社の刊行する教科書はたくさんあり、読み物資料とワークブックを組み合わせたものが多い。子ども委員会 (Committee for Children) の教材「セカンド・ステップ」やキャラクター・カウンツの教材「シックス・ピラーズ」などが有名である。高校では人格教育に影響を及ぼす特定の書籍を教科書として選定し、読後に議論することが多い。

　人格教育の評価は、学区や学校の判断で多様な方法を取り入れているが、一般にはアンケート形式の子ども自身による自己評価、子ども同士の相互評価、教師・親・地域住民による他者評価、パフォーマンス評価、ポートフォリオ評価などが用いられている。人格教育パートナーシップでは、後述するように人格の授

業実践だけでなく学校文化全体について人格教育を総合的に評価している。

2．効果的な人格教育の11原則

　次に、全米規模で事業を展開している人格教育パートナーシップ（以下、CEPと略）が提示している11の原則（2010年の改訂版）を紹介する。CEPにとって人格教育とは、すべての文化において広く認められた倫理の核心的価値（親切、正義など）とパフォーマンス的価値（勤勉、忍耐など）を子どもに教育する意図的な取り組みである。こうした人格教育には、ポジティブな校風、道徳教育、公正な共同体（ジャスト・コミュニティ）、思いやりのある共同体（ケアリング・コミュニティ）、社会性と情動の学習、市民教育、サービス・ラーニングなどの幅広い概念も含まれている。こうした多様なアプローチによって、子どもの知的、社会的、感情的、倫理的な成長を促し、市民として責任感と思いやりをもち、社会に貢献する人間を育成しようとしている。こうした人格教育を学校の関係者全員で連携・協力して学校環境やカリキュラム全体に浸透させていくのである。

　CEPの人格教育では、「正義、勤勉さ、思いやり、尊敬、勇気」という中核的価値を子どもが習得し、それらを人生の指針とする理由を学ぶとともに、その価値を追求する子どもを支援し、意欲づけるような学校文化を培うことに重点を置いている。その際の指針となる原則が「効果的な人格教育の11原則」である。この原則は、どのようにすれば質の高い人格教育を構想し、実施できるかについて詳述されているため、人格教育プログラムの計画、実践、評価に利用することができる。

　原則1…学校はよき人格の礎となる倫理的な核心的価値とパフォーマンス的価値を促進する。
　原則2…学校は思考、感情、行動などを含めて総合的に人格を定義する。
　原則3…学校は人格教育において包括的、意図的、積極的なアプローチを取る。
　原則4…学校は思いやりのある共同体を創造する。
　原則5…学校は子どもに道徳的行動を取る機会を提供する。

原則6…学校はすべての学習者を尊重し、人格形成を促し、成功へと導く有意義でやりがいのある学習カリキュラムを提供する。

原則7…学校は子どもの自発性を培う。

原則8…教師は人格教育の責任を共有する倫理的な学習共同体の一員であり、子どもに掲げるものと同じ核心的価値を忠実に遵守する。

原則9…学校はリーダーシップを共有し、人格教育の構想に対する長期的な支援を推進する。

原則10…学校は人格形成の取り組みにおいて家庭や地域の人々と連携する。

原則11…学校の校風、人格教育者としての教師の働き、子どもがよき人格を体現する程度について定期的に評価する。

以上の11の原則には詳しい解説と採点ガイドがある。そこでは各原則について具体的に2〜4項目にわたり、原則が実施された場合のあるべき姿を説明している。模範的な実践に関する主要な指標は、各項目に準拠し設定されている。主要な指標は、これまで人格教育で表彰されてきた優秀校 (National School of Character) への調査訪問と評価結果に基づいて開発されているため、将来、各校が模範校となるための実践的な原則ともなっている。

CEPは、学校や地域の実践者が各原則の実施レベルを評価するよう勧めている。採点ガイドは、現在の人格教育の実践の見直し、短期・長期目標の設定、項目ごとに採点による継続的な改善に役立つ。自己評価は、関係者の代表者グループ（教職員、管理職、親、子ども、地域の人々など）を招集して行う。各原則の評点は、各校の項目の平均値を計算して出し、全体の評点は11の評価点の平均として出す。項目ごとに示された主要な指標は、模範的な実践として期待される観察可能な成果を表しており、高い評点をつける場合は、実践の全リストを証拠として提示する必要がある。

3．人格教育の包括的評価計画

上述したCEPの理論的指導者の一人にトーマス・リコーナ (Thomas Lickona) が

いる。彼は人格教育の取り組みを評価することが望ましい理由として、次の三点を挙げている。第一に、教育の対象が評価されるということは、その対象に意味があるということを示すことになる。人格的な成長に関する成果が評価されることにより、教師や子どもや親にとって人格形成の優先度が高くなる。学業成績だけが評価され、人格的な成長が評価されないのであれば、成績に比べて人格形成の重要度が低くなってしまう。第二に、評価の結果によって、人格形成に関するプログラムが実際にどのくらい効果を発揮しているかを明示できる。具体的な根拠によって人格教育の効果を証明できるため、教師がその取り組みを継続して実施しようとする意欲も高まる。第三に、評価データは人格教育プログラムを改善するための判断材料として有効に活用できる。そのようなデータを用いずに改善の計画を立てることは、やみくもな作業となってしまう。

　そこで、リコーナは独自に「人格教育プログラムを継続的に向上させるための包括的評価計画(Comprehensive Assessment Plan)」として次の10項目を挙げている。

① 学校が選択した人格形成の枠組みに沿った評価計画の実施を策定し、提案し、指導する「人格教育委員会」を設置する。
② 子どもに関する情報を集め、人格に関連した指標の傾向を追跡するために用いる。
③ 人格教育の実践に関する形成的評価を行う。
④ 人格教育のプログラムが教えようとしている内容を、子どもがどのくらい習得し活用しているかという観点から学習評価を行う。
⑤ 子どもに自己評価をさせ、それに応じて目標を設定させる。
⑥ 校風に関して年次ごとに調査を行う。
⑦ 子どもが無記名で自己報告調査票(または校風調査に含まれる自己報告項目)を作成し、成長するために重視する人格的側面を評価する。
⑧ 子ども、教師、親が自由に参加し発言し合うフォーカス・グループ活動を行う。
⑨ 学内で設計した調査票に基づいて評価を実施する。
⑩ 調査から得られたデータを関係者(教師、子ども、親、地域)に提示し、

その調査結果に関する議論を行い、改善すべき点を提案し合う。

以上のようなリコーナの包括的評価計画は多面的かつ実効的であり、前述したCEPのプログラム評価にも取り入れられている。

4．アメリカ教育省の評価指針

アメリカ教育省においても人格教育の推進政策と評価指針がある。

まず、人格教育を推進政策とする前提として、教師や親が子どもの人格形成を支援することはきわめて重要であるという基本認識がある。学校において人格教育を実施することが、子どもの倫理的、社会的、学問的な成長に役立つことは数々の調査から実証されている。

アメリカ教育省の言う「人格」とは、個人またはグループの感情的、知的、倫理的な特性だけでなく、向社会的行動に関わる特性なども含んでいる。それに関連する美徳には、「誠実さ、正義感、公平さ、信頼性、責任、尊重、愛他精神、忍耐力、根気、多様性への理解、勇気など」がある。また、倫理的判断力、問題解決、対人スキル、労働観、共感、内省に関連した発達も、最適な人格形成のためには不可欠とされている。さらに、「市民参画、礼節、市民的行動など」の美徳を実践し、民主主義的な価値を受け入れることも重要になる。学校がこうした子どもの人格形成を促すためには、教師の指導力、教師間の同僚性や学習方針の決定、学校・家庭・地域の間の連帯に特徴づけられるポジティブな教育環境の構築が必要となる。

次に、アメリカ教育省が掲げる人格教育の評価指針を取り上げたい。人格教育の取り組みは、連邦政府からの巨額な補助金を受けて実施されているため、科学的に厳密な評価を行う必要がある。そのため、人格教育の評価を行うプロジェクト・ディレクターや学校管理職を対象とした評価指針が示されている。この評価指針は、外部の評価者や重要な関係者とともに科学的に適切な評価を計画し、実施するための方策を提示している。

① 複数の評価者と組んで評価チームを作る。

② 取り組みが望まれた目標を達成しているか否かを決定するデータを提示する。
③ 意思決定を支援し、実践を導き、計画を改善する。
④ 教師、子ども、親、地域住民の取り組みを支援する。
⑤ さまざまな実施段階で計画の目的や参加者の利益に関する情報交換を親や地域住民と行う。
⑥ 資金提供者に対して彼らの出資の成果を知らせる。
⑦ 今後の計画と政策決定に影響を与える。
⑧ 人格教育において何が有効で、何が有効ではないかに関する知識ベースを構築する。

このように指針は、評価を計画し、実行するための8つの基本的手順で示されている。この指針は、関連する連邦規制、同意書のサンプル、評価活動のチェックリスト、データ提示のための見本、一般的な評価用語の用語集も提供している。こうした科学的見地に根拠を置く調査に基づく計画の評価は、教育者間で共有する知識の基盤を増やし、人格教育の有効性を向上させることに役立っている。

5．我が国への示唆

　アメリカの人格教育は、実効性を高めるために多様なアプローチを試み、それらの効果を科学的に根拠のある評価によって検証している。人格教育の標準として、共通する核心的価値や11の原則などを提示しているが、基本的には各学校や教師の自律性を尊重するところに特徴がある。そのため、各州や学校によって教育内容や指導法は違っているが、共通した評価指針が用いられるため、教育成果を客観的に検証し比較考察することができる。我が国では、道徳教育の目標、指導内容・方法まで画一化しているが、評価はあいまいで不確かである。今後は、評価指針を明確化することで、道徳教育の内容や指導法の多様化を図ることが検討されるべきである。
　また、人格教育は特設の授業だけでなく、学校教育全体で取り組むため、生徒

指導（規律指導、いじめ対策）や学習指導や特別活動（学級活動、生徒会活動、学校行事など）、家庭教育や社会教育とも関連しながら、教科・領域横断的に総合的プログラムとして展開されている。そのため、人格教育の評価も、特設の授業だけでなく、学校教育全体における子どもの行動や習慣について、教師・子ども・保護者・地域住民によって多面的に行われている。それに対して、我が国では、道徳授業と他の教科・領域が縦割りで分断されるため、なかなか実生活では実効性が上がらず、道徳的な行為や習慣に関しても科学的な評価もできにくい。そこで「特別の教科　道徳」を設計する上では、人格教育の包括的アプローチを柔軟に取り入れ、実効性の高いかたちにすることが求められる。

〈参考文献〉

- Character Education Partnership (2010) *The 11 principles of Effective Character Education*, Second edition
- U. S. Department of Education (2007) *Mobilizing for Evidence-Based Character Education*
- Thomas Lickona, *Comprehensive Assessment Plan (CAP) for Continuous Program Improvement.*
- 柳沼良太（2012）『生きる力を育む道徳教育―デューイ教育思想の継承と発展―』慶應義塾大学出版会
- リコーナ、T.、デイビッドソン、M. 著、柳沼良太（解題・監訳）（2012）『優秀で善良な学校～新しい人格教育の手引き～』慶應義塾大学出版会

4 イギリスの「道徳教育」から考える

新井　浅浩

1．イギリスの「道徳教育」の展開とその背景

　イギリス（ここではイングランド）では、道徳と称した教科はない。しかし道徳教育に該当するものとしては、宗教教育、PSHE (personal, social, health and economic：人格・社会性・健康・経済) 教育、シティズンシップ教育の三つがある。歴史的には、国教であるキリスト教を中心とした宗教教育を必修としてきたが、1960年代以降、社会の世俗化に伴い宗教によらない道徳教育が開発されはじめた。それらは現代的な課題への対応を含みつつ、1980年代半ばには PSE（のちに PSHE）と総称され、必修ではないながらも各学校で実践されるようになった。さらに2002年より、それまで PSHE の一部とされていたシティズンシップが独立した教科として中等学校で必修化された。社会の変化に対応しつつ必要なものが加えられた上で、現在もこれら三つが並存して展開されている。このことによりイギリスの「道徳教育」は、多様な内容を包含したものとなっている。
　こうした多様な展開を見せている背景には、社会の変化に伴って子どもが抱えるさまざまな問題に対して、学校や教師たちが常にそれに対して何ができるかを考え実践してきたことが挙げられる。1990年代以降、「子どもの危機」が世界各地で懸念され始めたが、イギリスも例外ではなく、破壊、いじめ、薬物誤用、若年妊娠などさまざまな問題を抱え、それらに対する取り組みが模索されたのである。また経済のグローバル化や欧州統合に対応した政治経済状況の変化、若者の政治への無関心、人種差別問題の顕在化、テロリズムの問題など、子どもや若者をめぐって、それまでとは違った取り組みが要請された。教育の地方分権化が進

み、経験主義の国といわれるイギリスでは、その時々の政権により多少の変化はあるものの、新たな試みの端を発するのは目の前の子どもたちの教育をどうするかということに向き合った学校現場からであった。

　中心であるロンドンの人口約820万人のうち白人のイギリス人はもはや半数以下となるなど移民の増加がいっそう進んだことによる社会の多元化が進展する中で、学校における「道徳教育」の在り方の模索は今なお続いているのである。

2．「道徳教育」の内容と方法

　それでは、イギリスにおける「道徳教育」の三つの内容を見てみよう。

　宗教教育の内容は、大きく「宗教について学ぶ」「宗教から学ぶ」の二つとなっており、「宗教について学ぶ」では、国教であるキリスト教だけでなく、ヒンズー教、ユダヤ教、イスラム教、シク教、仏教など世界の諸宗教に関する教義や習慣など知識を学んでいる。これはいわば宗教知識教育である。「宗教から学ぶ」では、宗教に関する知識を基に自分たちが何を学ぶことができるかを吟味する。その際、〈貧困〉〈紛争〉〈性関係〉〈薬物誤用〉〈結婚〉などについても、それらの問題について諸宗教がどのように教えているかを学び、それらに対しての自分の考え方や信条について探求する。

　PSHEの内容は、コミュニケーション・スキル、自分を知り、自己を守り、成長させていくスキル、集団や社会の中で生きていくためのスキルなどを扱う。その他、薬物教育、金融教育、性関係教育、健康的なライフスタイルのための身体活動やダイエットの重要性などについても学んでいる。

　シティズンシップは、自由と秩序、民主主義、政治制度、選挙制度、紛争、国際協力、法制度などに関する知識とともにアイデンティティと多様性、相互理解と相互尊重、地域への貢献などについて学ぶ。また市民の生活として実際上必要となってくるコンピテンシー（能力・資質）である思考のスキル、討議するスキル、ディベートのスキル、交渉のスキル、調査分析のスキル、プレゼンテーションのスキルなどを学んでいる。さらに、遵法、寛容、交渉による解決、暴力的でなく

平和的解決などを大切にするなどの民主主義の価値観や態度を身につけることを目指している。

　いずれも現代社会の中での知識と関連した要素があり、それ自体は例えば社会科系科目や理科系の科目の中で展開される可能性をもっているが、しかしそれは公民科や理科の枠内に限るものではなく、価値とかかわる教育としてとらえられているのである。このことは反対にいえば価値とかかわる教科の中で、こうした実際的な文脈において授業が展開されているといえる。

　また三者の展開は、いずれも我が国の道徳教育と同じく全面主義をとっている。それぞれ必修、準必修の違いはあるが、いずれも単に特設の時間を設けて、その中で授業をすることに限られてはいない。例えば、中等学校のシティズンシップでは、1週間の時間割の中に特設時間として組み込まれるだけとは限らない。PSHE の中で教えられる場合や、学校の集会、テュータ時間（我が国で言うホームルーム時間）、他教科、行事、教科外活動（クラブ活動や委員会活動）などで展開されている。

	宗教教育	PSHE	シティズンシップ
初等学校 （5歳〜11歳）	必修	両者が統合された形で準必修	
前期中等学校 （11歳〜16歳）	必修	準必修	必修

　方法的な特徴としては、現実の問題にひきつけて身をもって学ぶこと、実際に行動することにかかわった学習をしていること、多様な価値を提示するが押しつけてはいないことが挙げられる。

　現実の問題にひきつけて身をもって学ぶこととは、いわば問題解決的な学習を取り入れていることであるが、例えば事例1のような実践がある。社会的弱者の問題や慈善活動の役割や必要性について学ぶ上で、教科書の上だけで学ぶのではなく、ホームレスに援助をしている地元の慈善団体が野宿をしながら募金活動を行なうという行事に生徒たちが参加したものである。その際に重要なことは、参加に至るまでの段取りが、教師側によって用意されたものではなく、自分たちで組まれていることである。こうしたことがイギリスのシティズンシップ教育の目

指す「能動的な市民の育成」につながると考えられている。

事例1　中等学校　シティズンシップ教育　「募金活動」

　生徒たちは、まず活動への参加の許可を教師から取り、その後、校内にポスターを貼って他の参加者を募った。参加するといっても実行に移すのは簡単ではなく、付き添いの教師を探すことや行き帰りの送迎バスの手配など、さまざまな手助けが必要であることがわかった。

　当日は、夜9時15分に開催場所に集まり、用意してきたダンボールで寝る場所を作った。うまく眠られた生徒もいたが、ほとんどの生徒は朝まで眠られなかったようだ。終わったあとの生徒の感想を見ると、夜中とても寒くて、疲れて、お腹がすいて、早く家のベットで眠りたかったそうである。しかしそれはたった一晩のことであり、ピザやベーコン・ロールの差し入れもあったけれども、ホームレスの人たちは一年中、どんな天候でも、こうして過ごさなければならないこと、しかも誰もピザやベーコン・ロールを届けてくれるわけではないというのはどんな気持ちだろうと考えたようだ。そして、この慈善団体の方たちがホームレスの人たちに対して行なっている活動がいかに重要であるかよくわかったようだ。

　この野宿による募金では、全部で約千ポンドの募金を集めることができた。このように募金活動において、それが何のために行われているのかを身をもって体験することで実感することが目指された実践である。

　実際に行動することにこだわった学習、すなわちアクティブ・ラーニングをしていることとしては、例えば事例2のようなサークルタイムという実践がある。これは初等学校で典型的に見られるもので、教室で教師と子どもが輪になって座って、話し合いをする手法である。この手法を用いれば、全員に発言をする機会を与えることができる。サークルタイムは、PSHEやシティズンシップの授業だけでなく、〈話すこと〉や〈聴くこと〉の学習ともいえるので英語の授業の一環として行われることもある。サークルタイムでは、さまざまなテーマについて取り扱うが、いずれの活動も、他者の発言をよく聴いて、その上で一人一人が自分の考えを発言する能力の育成を目指している。そのためにゲームによる楽しい雰囲気と定められたルールによって、自分に対して自信をもてるようにすることや、発

言しやすい雰囲気をつくること、相手を尊重することなどを保障するのである。

> **事例2　初等学校　PSHE　サークルタイム「一週間の学びを振り返る」**
>
> 　まず、教室の一角に輪になって座る。ウォーミングアップとして「フルーツサラダ」という簡単なゲームをする。全員が「キウィ」「バナナ」「リンゴ」「梨」の4つに分けられ、教師が選んだ果物に指定されている子どもだけがその都度、席を移動する。我が国でフルーツ・バスケットと呼ばれるもので、一種の椅子取りゲームである。サークルタイムにおいて、このウォーミングアップはとても重要であるとされている。
> 　次にサークルタイムのルールを全員で確認する。それはいくつかあるが、ここでは「他の人の発言をよく聴くこと」「テディ・ベアのぬいぐるみを持っているときに話すこと」「話している人の顔を見ること」「人が話しているときには静かにすること」「他の人に対してふざけたことを言わないこと」が確認された。
> 　その後、教師が課題を出して、それに対して一人ずつ順番に答えていくが、そのときにも若干の工夫がある。まず発言するときは、テディ・ベアのぬいぐるみを受け取ってから発言するが、発言したくない場合はパスをする権利がある。しかもパスした子どもは自分が望めば最後に発言し直すチャンスが与えられる。
> 　最初の課題は、「今週1週間で、楽しんだことは何ですか？」である。今週1週間の中で楽しんでできた学習活動について、それぞれの子どもが一言ずつ発言した。
> 　次は教師がテディ・ベアのぬいぐるみを抱えて、「テディは今、とてもイライラしています。それはなぜでしょうか？」と質問を投げかけた。子どもたちはテディ・ベアの抱える悩みを当てようとした。子どもたちの発言の一つが正解だった。その悩みは算数の問題がうまく解けないというものだったが、それに対して子どもたちは、どうすればそれを解決できるかを助言した。
> 　最後の課題は、「（今日または今週）私は〜ができるようになった」というフレーズを、順番に言っていくものである。例えば、「私は物語をうまく読めるようになった」「私は筆記がうまくなった」等などさまざまである。このとき、教師は一人一人の発言に対してはよいとか悪いとかの評価をしない。この授業は金曜日だったので、週の最後にこのような質問をしたことと、この週は算数の勉強をはじめ子どもたちにとって、かなり負担の多い学習をしたのでこのような課題にしたようだ。
> 　それぞれの課題に対して全員が一通り答え終わるたびに、当番に当たっている子

とも二人が、よい発言したと思った人、あるいは他人の発言をよく聴いていた人を選んで、ステッカーをその子どもの胸に貼ってあげた。このときにも単に自分の友だちを選ぶということではなく、きちんと全員を評価した上で選ぶというルールが決められていた。

多様な価値を提示するが教え込みになることを避けようとしていることは、事例3のような宗教教育に見ることができる。この実践は先に述べたものでいえば「宗教から学ぶ」ことに当てはまるが、「安楽死」についてキリスト教やイスラム教の価値観を理解すると同時に、自分はどういう価値観をもつかについて自分がそう考える理由や、それに対する反対の意見はどのようなものであるかを検討することで考察を加える。これは、批判的思考力の育成を目指したものである。学習の評価をするときは、どのような価値観をもったかではなく、その価値観を表明する根拠をきちんと言えるかどうかで決めているのである。

事例3　中等学校　宗教教育　「安楽死について」
　まずは、安楽死の関連用語や安楽死に対する賛成意見、反対意見について学んだあと、運動ニューロン疾患による闘病生活を送っていて人工換気を拒否して安楽死を望んでいた女性の事例を学ぶ。その女性は、夫の協力を得て安楽死の嘆願書をホームページで公開していたが、生徒たちはそれを見たあと、「キリスト教徒は、嘆願書に署名するだろうか。理由を添えて書きなさい」「イスラム教徒は、嘆願書に署名するだろうか。理由を添えて書きなさい」「あなたは、嘆願書に署名するだろうか。理由を添えて書きなさい」「自分の意見に反対の議論はどのようなものだろうか」という設問に答える。そのあと「イギリスは安楽死を合法にするべきだろうか」という問いに賛成か反対かを考えたあと、みんなで話し合う。また、「医者は常に患者の望みをきくべきだろうか」ということについて自分の考えについて理由を二つ添えてノートに書く。

3．我が国への示唆

　文化的歴史的背景の異なるイギリスの実践から何かを学ぶということは、表面

的に見れば乱暴であることはいうまでもないが、我が国の道徳教育を考える上で以下のような検討ができるのではないだろうか。

　イギリスにおいて各学校による裁量の余地が大きいということは、子どもたちや周囲の環境の必要に応じた独自の実践を展開することが可能になっている。独自の実践を立案する際に必要なことは、誤解を恐れずに言うならば、自分たちがどのような人間を育てようとしているのかを改めて問い直すことである。「道徳教育」に限らず一般に学校をベースとしたカリキュラム開発を自明としているイギリスでは、このことは日常的に直面しているといえるかもしれない。我が国においても、各学校の必要性に応じた創意工夫を考えるのであれば、そこでは育てたい人間像の検討というものと正面から向き合うことになろう。しかしながら、こうした自由裁量は全体の質の維持という点では難があることはイギリスが経験していることである。重要なことは両者のバランスをどうとるかであろう。

　実社会を生きていく上で必要とされる諸能力を育成するためには資質・能力の育成を重視した方法を取り入れることになるが、とりわけイギリスでは、学んだことを行動につなげることが重要とされている。

　イギリスでシティズンシップが必修化されて10年が経過した際に、それまでの実践の成果を長期的包括的に研究した報告があるが、それによれば、シティズンシップの実践には、カリキュラムの推進や参加行動の機会の提供だけではなく生徒の効力感を高めるという要素が浮かび上がってきたとされている。子どもの効力感を高めるためには、例えば自分の意見を表明する機会があることや、そうした表明を聴いてもらえるという実感を本人がもつことなどが求められている。

　知識的あるいは心情的に行動の必要性を理解した本人たちは、こうした自分自身の効力感という土台があって実際の行動につなげるのである。例えば、ある初等学校では学校ぐるみで「聴く学校」と標榜し、一人一人のことを、教師、その他のスタッフ、親、子ども同士が「よく聴く」ことをすべての教育活動の中で実践するという取り組みがあるが、それはまさに、行動につながるための「道徳教育」として必要な土台を学校全体で作っているのである。

　イギリスの「道徳教育」が今も宗教教育、PSHE、シティズンシップ教育の三

者が並存する中で、互いが補完し合いながら展開されている意義をここに見いだすことができる。そして先に述べたように、その三者はいずれも全校アプローチを標榜しているが、これは我が国でいえば、道徳教育を総合的な学習の時間、生徒指導、特別活動と包摂統合したものといえる。こうしたことを考えると、我が国においても道徳教育の実践の射程を広げることを考える必要があるのではないだろうか。

　また、イギリスでは価値多元化社会における「道徳教育」の在り方を考える上で、遵法、寛容、交渉による解決、暴力的でなく平和的解決などを大切にするなどのいわゆる民主主義的な価値観や態度を身につけることについては、共通の理解が得られているように思う。その一方で、生き方など、宗教的背景の違いによる異なる価値があることに対しては、その違いに触れないのではなく、その違いを認識した上で改めて自分自身の価値観を問い直す機会をもつことを目指しているといえる。グローバル化の進展の影響を避けることのできない我が国においても、このことは検討する余地があろう。

　イギリスの「道徳教育」が決してうまくいっているということではない。ただし社会の変化にいち早く反応し、そのために必要な取り組みを模索してきた経験を積んでいること、とりわけグローバル化に伴う多元社会における教育課題を経験しているイギリスから得られる示唆は少なからずあるように思う。

〈参考文献〉
- Keating, A., Kerr, D., Benton, T., Mundy, E. and Lopes, J. (2010) *Citizenship education in England 2001-2010: young people's practices and prospects for the future: the eighth and final report from the Citizenship Education Longitudinal Study (CELS)*, Department for Education.

松本美奈の言々句々

道徳とは何だろう ③

「種まき」の時間

　先日、ある理系の国立大学に通う3年生男子学生(20)の一言に、はっとさせられた。「あの道徳の時間、本当によかった」。

　幼い頃から要領がよく、神奈川県の小学校に入学したあとすぐに、先生に教わったとおりにすれば簡単に成績が取れることがわかった。先が見えてつまらないから授業は聞かなくてもいい。給食の時間に、友だちと配膳台に乗って、廊下を走り回ったこともある。いったんは登校するものの、途中で勝手に家に帰ることもしばしば。ところが、6年生の時の1年間の道徳が、そんな自分を変えたのだと言う。

　当時、その小学校はひどく荒れていた。授業中に立ち歩く子が目立ち、子ども同士のけんかも絶えなかった。就学援助を受ける子どもが3割を超えている現実もあり、教師たちの間にも「そういう事情だから、仕方がない」とあきらめる空気も漂っていた。だから、授業中うろうろする子どもがいても、注意しない教師も珍しくなかった。

　6年生で担任になった新任の男性教師は、少し様子が違った。今でも学生が鮮烈に覚えているのは、4月半ばの「道徳の時間」だった。春らんまんののどかな光が差し込む教室で、担任は教卓にひじをつきながら、「ねえ、みんな、どうする〜？」と、これまたいかにもだるそうに呼びかけたのだ。「トランプしたい」「お菓子持って、裏山で遊びたい」「好きなDVDを教室で見たい」。待ってましたとばかりに、子どもたちは授業から逃れる方法を提案した。

　担任は、ただ遊ぶだけではなく、みんなで話し合ってルールを決めること、そのルールを破る人が出てきた時の対応も考えること、困ったら先生に相談してもいいことを淡々と伝え、風変わりな「道徳の時間」が始まった。

　当然のごとく、ルールを破る子どもが出てきたり、他のクラスから「お菓子を食べながら遊んでいて、うるさい」と校長室に苦情が上がったり。それでもこの「道徳の時間」は続くが、ある日、クラスで見たDVDをきっかけにがらりと様相を変える。シンクロナイズド・スイミングに挑む男子高校生を描いたドラマだった。「これ、やってみたいな」と誰かが口にした提案に、クラス全員が飛びついた。

　企画、振付け、宣伝など、子どもたちは担当グループに分かれ、体育の時間だけでなく、放課後も練習し、その記録を一人一人が日記に丹念につづった。ただ遊ぶことに飽きていたこともあり、エネルギーは余っていたようだ。企画通りに進まず、うまく泳げ

ない子もいて、小競り合いが起きた。「道徳の時間」にそれぞれの日記をもとに振り返り、話し合うものの、うまくいかず、弱音を吐く声も出てきた。
　だが結果は、成功だった。親や地域の人を招いて大喝采を浴び、新聞にも紹介された。子どもたちは肩を抱き合って喜んだ。後日の「道徳の時間」では、本番まで、一人一人に書かせた日記を教材に振り返った。記された不平や不満も紹介しながら、担任は「それでもやり遂げられたのはなぜだろう」と問いかけた。
　「仲間が頑張っていたから」「かっこいいところを見せたかったから」——。担任はその都度、相づちを打ちながら、他の子にその言葉の意味の説明を求めた。子どもたちは互いの言っていることに真剣に耳を傾けていった。
　子どもの心の奥の感情を引き出すため、担任は自分自身の過去もさらけ出していた。家が貧しくて、食べることしか考えなかった小学生時代。中学や高校ではツッパリと呼ばれたが、熱血教師のドラマに感化されて勉強を始めたこと。「人はどこからでも変われるんだよ」という静かな一言に、うなずく顔があった。
　音楽会や卒業制作などでも同様の取り組みを続けるうちにクラスは落ち着いていった。「あの時間は、社会にでていくための予行演習だった」と学生は当時を振り返る。それまでの学校生活では、決められたルールに従っていれば、何も考えなくてもうまくいった。だから当初、担任に対して抱いていた感情は「なんで、この先生、こんなに不親切なんだろう」だったし、「面倒なことばかりやらせて、理不尽なヤツ」だった。何もないところから物事を始めるには、現実をよく見て、考え、仲間と話し合って、また考え、行動しながら、何度も立ち止まって考え……。「いま、大学でも同じことをしている。たぶん社会でもそう。大事なことは、あの１年間の道徳に、すべて入っていたのだと思う」と話す。いまでも当時の同級生たちと会うと、「道徳の時間」の思い出話に花が咲くそうだ。

　　　　　　〜∞〜∞

　学生たちの学年が卒業した翌年、その小学校を訪れたことがある。６年生の教室で子どもたちが車座になり、DVDの映像を見ていた。その１か月ほど前、学年全員で披露したシンクロナイズド・スイミングの演技の映像だった。
　音楽に合わせて手足を元気よく動かし、プールに飛び込んでいく女子チーム。トビウオのようなジャンプを次々に披露する男子チーム。４か月もかけて振付けや曲を考え、夏休みも学校に通って練習を重ねた日々を思い出したのか、どの顔もそろって紅潮している。

道徳とは何だろう③　「種まき」の時間　　119

「楽しかった人は？」。問いかけたのは、あの担任教師だ。一斉に手が挙がった。「思い出しながら、考えてみよう」。責任感をテーマにした「道徳の時間」だった。

学校行事での達成感を通して、子どもたちの成長を促す仕掛けの授業がまた始まっていた。読み物資料を使った道徳では、教師がねらったとおりの発言をする。頭では理解しているのだ。「お仕着せの道徳では、子どもには通じない」と教師は意図を説明する。

伝統的な授業のありようから考えれば、おきて破りで、「形骸化」の典型例かもしれない。きちんとした授業計画に基づき、読み物資料などを使って学習指導要領に盛り込まれた内容項目を教え込む時間では全くない。学級活動との違いもみえにくい。

にもかかわらず、何年たっても子どもたちの心にしっかりと根づいている。つまり、道徳は子どもたちにとっては何かが「始まる時間」で、教師にとっては「種をまく時間」だったようだ。はっきり目に見える変化は、その時にはないかもしれない。だが、そこで自分は何を得たのか、どう変わったのか、子ども自らが振り返ることができるのは、成長の一つの証しではないだろうか。

深刻ないじめ問題に端を発し、教科化に向けた議論が進む道徳。教材を作り、現場教員の指導者を育て、社会の雰囲気を醸成する──。「特別の教科　道徳」の実現に向け、国の期待は14億円に込められたが、目指すべきは何だろう。

いじめの撲滅か？　異論はないが、そのものよりも、なぜいじめが起きるのかを、他人事ではなく自分の問題として自らに問いかけ、その根源にある人間とは何かを考える力や、社会の一員としてどう生きていくか、激変する社会とどう対峙していくのかを問い、考えにまとめていく建設的な思考力を養う「始まりの時間」にしてほしい。

振り返れば、筆者にとって「道徳の時間」は、何かうさんくさい時間だった。いじめが横行する現実に目をつぶり、「友だちと仲よくしよう」と説教する教師の姿に、子どもながら強い反発を感じていた。だが、現場で種をまく人たちの思いを見るにつけ、その偏見が払拭されていった。道徳は、もっと意味のある時間になるはずだ。

よりよく生きたいと願わない子はいない。よりよく生きてほしいと願わない教師もいないと思う。ならば、いつか訪れるであろう変化と成長の時を信じて設計された道徳は、きっといつか実を結ぶと信じる。そのために種をまく「みんなと同じではない」人たちを支えていく一助になれたら、と願いつつ、筆を置くことにする。

第 4 章

座談会
「特別の教科　道徳」のカリキュラムと評価を考える

出席：貝塚　茂樹、柳沼　良太、関根　明伸
　　　新井　浅浩、押谷　由夫、西野　真由美
司会：松本　美奈

座談会レジュメ：本座談会は以下の内容で行われました。

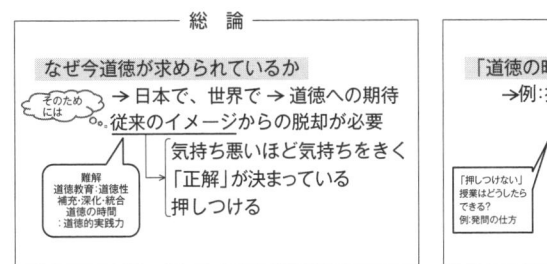

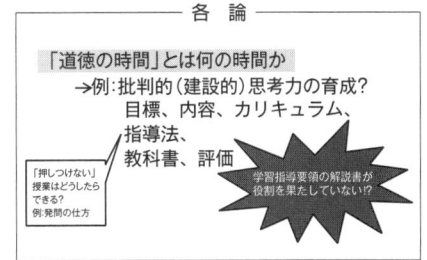

― 総 論 ―
なぜ今道徳が求められているか
そのためには
→日本で、世界で →道徳への期待
従来のイメージからの脱却が必要
気持ち悪いほど気持ちをきく
→「正解」が決まっている
　押しつける

難解
道徳教育・道徳性
補充・深化・統合
道徳の時間
：道徳的実践力

― 各 論 ―
「道徳の時間」とは何の時間か
→例：批判的(建設的)思考力の育成？
　　目標、内容、カリキュラム、
　　指導法、
　　教科書、評価

「押しつけない」
授業はどうしたら
できる？
例：発問の仕方

学習指導要領の解説書が
役割を果たしていない!?

なぜ今、道徳なのか

松本 前書に続きまして道徳についての座談会を始めます。今、なぜ日本で道徳がこれだけクローズアップされてきたのかということについて、貝塚先生からお話しいただけますか。

貝塚 いろいろなところに書いていることですが、私は日本が戦後を２回経験したと思っています。一つは1945年の敗戦であり、そしてもう一つは1960年以降の高度経済成長です。この二つが日本人の意識や価値観を非常に大きく変革したのではないかと思っています。とりわけ、高度経済成長以降は、社会の中の公的なものがどんどん後退していって、いわゆる私欲というか、私的な関心にベクトルが合わされてきたのではないでしょうか。つまり自分にしかあまり関心をもたなくなっている。60年代以降の高度経済成長は、社会に経済的なプラスをもたらした反面、そういうマイナスの遺産をも残したのではないかなと思うのです。

自分がすべての価値の基準であるとすると、いわゆる「他者の喪失」が大きなキーワードになってくる。つまり自分がすべての判断の基準になっていて、自分以外の他者とのかかわり方というのがものすごく難しくなっているように思うのです。

人間というのは究極的には一人じゃ生きていけないという原点に立ち帰ると、やっぱり他者といかにつながっていくのか、他者との関係性をよりよく築いていくかということが大きな課題だったと思うのです。ところが、1960年代以降の高度経済成長以降の世代が社会の多数となると、人とのつながりであるとか、その関係性というものがものすごく希薄になってきてしまった。今はそういう時代になっているのではないかと思うのです。その歪みは、いろいろなところに出ていて、例えば「無縁社会」といった現代の日本の抱えている構造的な問題とも密接に絡んでくると思うのです。

道徳の定義は非常に難しく、また道徳の定義自体も非常に難しいのですが、私は学生には、他者とよりよい関係を築くための知恵なのだ、と説明しています。つまり、人間は一人で生きていくことができないために、他者とつながっていかなければならない。他者とつながっていくためには、いかによりよく関係性を築いていくかという、その知恵というものが道徳なのですよと。その知恵を具体的に表現したものが徳目であるとも説明しています。

今なぜ道徳が求められているのかというと、超少子高齢化になって社会構造も年齢構成も大きく変わってきていて、公的なものがどんどん縮小し、他者を失いつつある。その現れが「いじめ」「ひきこもり」「不登校」などの教育問題として噴出しているのだと思います。今の社会の中で、他者とどうつながっていくかということを学んでいく必要性が切実に求められているのではないでしょうか。

教育が社会の縮図だと考えれば、まさしく社会全体が他者を失いつつあって、他者とどうつながっていくかということの指針なり基準を喪失している社会になっている。だからこそ、道徳が求められてくるし、他者とどうつながっていくかということが求められていく。道徳への関心の高さは、現代社会での「他者の喪失」が顕在化した証でもあり、裏返しであるとも思うのです。

それは日本だけではなくて、世界的に見て

も共通の課題だと思います。グローバル社会ではつながりとかコミュニケーションが大事だとよくいわれるのですが、本当に他者とつながるためにはどうすればよいかということに現代人は共通の悩みを抱えている。SNSの進歩はこの悩みをさらに深くしているわけです。こうした中で、道徳教育への関心が高まり、その必要性が改めて求められているのではないでしょうか。しかも、こうした状況では、かつてのイデオロギー一辺倒の説明も批判もとっくに説得力を失っています。

道徳教育をめぐる世界の動向は

松本 今、世界の話が出たので、次、柳沼先生、関根先生、新井先生という順番で伺います。まず柳沼先生に教えていただきたいのですが、アメリカでも道徳に近いものは学校教育で行われていますよね。アメリカではそれがどういう状況で求められたのでしょうか。正直いうと、アメリカと道徳の組み合わせには違和感を禁じ得ません。子どもが銃を学校で振り回して殺人事件を起こしてしまうような国のイメージが強すぎて。

柳沼 1970～80年代ぐらいまではポストモダンと呼ばれるような時代で、価値が多様化していて、情報化も進み、さらには冷戦も終わってどんどんグローバル化していくわけです。当時は価値教育なんていう言葉がよくはやったのですが、その中で「好き勝手に生きるだけでいいのか」「自由に価値観を築くだけで本当にいいのか」ということが問題になりました。背景には道徳的な混乱がありました。子どもが凶悪犯罪を起こしてみたり、いじめがはびこったり、銃の乱射事件であるとか、ドラッグを使う子どもが増えたとか、10代の妊娠がどんどん増加したとか、そういうこと

が頻発しました。そんなとき、古きよきアメリカを取り戻したいということで、レーガン政権が登場してくるわけですが、保守勢力が出てきて見直しがあったのは、ナショナルアイデンティティ、つまりアメリカ人として大事にしていくべき価値は何だろうかということでした。そこで、昔大事にしていた人格教育（character education）をもう一度見直していこうじゃないかというような気運が高まったわけです。

それが1990年代から今日に至るまで20年以上続いているのですが、ある一定の効果が出ています。荒れていた学校が人格教育を導入することによって正常化し、優秀で善良な学校に少しずつ立て直すことができた。そういうのが少しずつ実績として積まれてきたので、アメリカ政府も教育省も、やはり安心で優れた学校をつくるために人格教育を全国規模で導入していったのだと思います。

思いやりのある共同体（ケアリングコミュニティー）としての学校を協働してつくっていきたいという、時代的要請や子どもたちの願いなどもあって再登場してきたところもあろうかと思います。

松本 なるほど。韓国はどうですか。

関根 先ほど貝塚先生から、日本の戦後は2回あったという非常に興味深いお話がありましたが、そのような観点から見るならば、韓国の大きな節目は3度あったということができるかと思います。まず、36年間の植民地支配から解放された1945年8月が1回目の戦後であり、このときに社会が大きく変わりました。しかし、数年後の1950年には朝鮮戦争が勃発し、3年後に休戦した1953年が2回目になります。そして、大きな経済発展の象徴として開催された1988年のソウルオリンピック

が日本の東京オリンピックに相当するものであり、それが3回目に当たるかと思います。このように、第二次大戦後の韓国では、社会的な変動の節目となる大きな出来事が3度ありました。それを踏まえながら、これまでの日韓両国を見てみるならば、日本では東京オリンピックから現在までの経済発展や情報化、国際化等の過程には約50年かかっているわけですが、韓国では1988年のソウルオリンピックから現在まではまだ約25年ということになります。そしてこのことは、韓国ではさまざまな分野が日本以上の短期間に圧縮して高度化し、複雑化していったことを意味します。例えば、インターネットの普及は日本よりも先んじて急速に拡大していったことは周知のとおりかと思います。また、韓国の少子化もものすごいペースで進んでいます。現在、私は40代で3人兄弟なのですが、同年代の韓国人はだいたい4～5人兄弟が普通であり、一般に同年代の日本人に比べて兄弟数が多いです。感覚的には、私たちの親世代の兄弟数に近いのかも知れません。ところが、最近のデータによると、2013年の韓国の出生率は1.18人となっており、1.41人（2012年）の日本よりも低くなっています。つまり、日本で3世代かけて進んできた少子化が、韓国では2世代の期間で進んできているわけです。このように戦後の韓国では、経済発展とともに、少子化や情報化が急速に進行してきました。

しかし、たとえ社会が急激に変化したとしても、それと同時に人々の心も一緒に変化していくわけではありません。社会的インフラや情報環境が激変する一方で、人々の生活ではさまざまな歪みが表面化してきました。なかでも教育の問題は顕著であったといえます。ご存知のように、韓国はもともと熾烈な学歴社会でしたが、受験競争が激しい上に少子化が急速に進んでいく中で、親たちは、少ない子どもにもっと多くのお金をかけて教育に力を入れるようになっていきました。そして、親からの期待がますます高まっていく中で、子どもたちの習い事や受験競争によるストレスはいっそう強くなっていったのです。2000年以降において、いじめや不登校、学級崩壊などの問題が短期間で一気に噴出してきた背景には、このようなことがその要因の一つとして考えられています。

こうした事態に対し、2007年の「2007年改訂教育課程」以降では、韓国でもさまざまな施策を通じて道徳教育を充実させていこうとしてきました。例えば、かつて韓国の教育界では、道徳と社会科は役割と性格がよく似ているから、統合させるか、あるいは日本の場合のように、「道徳」は教科ではなくて特設道徳にしてもよいのではないかという議論がありました。日本では特設道徳でやっていても大きな問題はないようだし、まあまあうまくいっているようだからそれで十分ではないのかと。しかし、先ほど申し上げたように、近年の子どもたちをめぐる課題が急速に複雑化し、深刻化していく中で、やはり道徳教育は重要であり疎かにできないという認識が強くなっていきました。いじめ問題やネット中毒、環境教育などについて正面から体系的に扱えることができる教科は、やはり、道徳科以外にはないのだという認識です。近年は、度重なるカリキュラムや教科書の改訂がなされることで、10年前の道徳教育とはかなり様子が変わってきていると思います。

このように、韓国の場合は日本と非常によく似ている側面をもちながらも、短期間でいろんな問題が表面化してきたことが近年の道

徳教育改革の背景にあるかと思います。

松本 なるほど。新井先生、イギリスでは道徳という教科はないそうですが、それに近いものにどうして力を入れるようになったのか、その社会的な背景についてお話しください。

新井 歴史的に見ると、もともとイギリス・イングランドで道徳に当たるものとしては、宗教教育があって、キリスト教、特に聖書を中心として、その内容を教え込むというものでした。先ほどの貝塚先生のお話にあったように、1960年代以降、イギリス社会も非常に世俗化してきて、いわゆる宗教に依存しない、頼らないというような機運がだいぶ高まってきて、宗教に代わるものとして、新たな道徳教育をつくり上げなければいけないということになったのです。

イギリスは伝統的に、国がこういうのをやりなさいといって広まるというよりも、各地で学校が自由に実践してきたものが蓄積されて、それを中央政府が追認するというようなスタイルがずっととられてきました。60年代以降、宗教教育とは違う意味での道徳教育に当たるようなものがだんだんと生まれてきました。そして80年代、先ほどの柳沼先生のアメリカの話と共通すると思うのですが、それがはっきりとしたかたちで、人格や社会性を育てるためのPSEと呼んだ教育が浮かび上がってきたという経緯があります。

そして90年代に、これは世界的な傾向なのですが、子どもの危機ということが強くいわれるようになりました。先ほども話がありましたが、暴力問題やドラッグの問題、あるいは若年妊娠の問題などがイギリスでも大きな問題になってきて、それに対する取り組みが非常に強くいわれるようになったのです。

イギリスの場合は、もともとは宗教教育だけが必修教科で、それ以外は全く自由でした。90年代以降は、それではまずいということと、経済的な停滞の時期があって、サッチャー政権下において、ナショナルカリキュラムというものが初めて導入されます。それには今までなかった各必修教科がつくられ、それを教えていかなければいけないということになりました。これはイギリスの先生方にすると、それまで経験したことがなかったことです。同時に、それは教科中心になっていくということがすごく危惧されて、学校教育で教えるべきは、教科の学習だけではないという声が強く上がりました。道徳的な側面もきちっと教えるべきだという、いわゆる現場の先生方の危機意識みたいなものもあって、そちらの意見がだんだん高まってきた。そして、それまで唯一の必修だった宗教教育だけでは足りないということで、いろいろな実践がいろいろな学校から上がってきたということです。

さらに2000年代に入って、社会のグローバル化が非常に進んできた中で、とりわけ市民性というのでしょうか、シティズンシップの問題が特に強調されて、2002年にはそれが必修教科に入ったのです。

ここで確認しておきたいのは、そうやって宗教教育、PSHE、それからシティズンシップ、この三つが今も併存している。つまり、かつては宗教教育だけだったものが、いろいろなかたちでイギリスの学校教育は取り組もうとしていることの現れだと思います。とりわけ欧州統合以降、イギリスにはEU内からの移民が非常に多く入ってきて、ロンドンあたりでは、英語を母国語としない子どもが5割以上いるといわれていますが、そういった中で多様な価値観をもった子どもたち、あるいはその親たちが一つの学校にいて共存して

いくというために、一体どうやってこうした領域の教育をやっていったらいいのだろうかということを、今も模索している状況だと思います。

松本 国内外で、今なぜ道徳が求められているのかの背景には、大きな社会の変革、世界全体の激しい動き、その中でそれぞれの国の社会が変わってきている、そこで何とかしようという大きな強い期待があるのですね。

そこで押谷先生と西野先生への質問ですが、つまり社会を変える起爆剤に道徳を位置づけようとしているわけですよね。社会を変える、そんな力が道徳にあるのですか。道徳の力って何かっていうことですが。まず、押谷先生、お願いします。

道徳のもつ力とは

押谷 社会を変えることが必要なのでしょうか。結局今、各国が社会の変化にどう対応したらいいかわからない。その中でみんなが混乱している、大人自身もですよね。ましてや子ども自身がまたそこで、どうしたらいいのと、いろんな不適応的な対応をしてきている。これからの未来を背負って立つ子どもたちが、こんな状態でいいのか、国家的なかたちでの危機意識というのがあると思うんです。

つまり、どう社会を変えていくかじゃなくて、もうこの社会の変化というのは避けられない。しかも未来がかなり不確かな時代です。その中で、もっとしっかりとした生き方を考えなくてはいけないのではないか。それは大人も子どもも同じというところから、道徳教育の必要性が再認識されてきているのではないかと思うのです。

それは、結果的に社会を変えていくことになるかもしれません。日本は今まで、世界に追いつけ追い越せと、いろいろなことをやってきた。そして今、いろんなかたちで各分野において活躍しているけれども、結局、戦後の教育というものを、もう一度見直さなきゃならないのではないかと思います。教育とは一体何なのかといえば、それは教育基本法の改正につながることです。教育というのは、知識、理解をしっかりと身につけて、そして科学技術等に対応できる、あるいは社会の変化に対応できる子どもに育てていくことも必要ですが、もっと骨太な、本当にどう生きるかにかかわって、価値意識をしっかりはぐくんでいく、そういう教育、そういう学校にしていかなければならない。そうした観点から全体的な教育を見直し、その大きな柱として道徳教育の見直しがあるのではないかという認識をもっています。

松本 道徳で変えたいのは、社会ではなく個人、子ども、大人なのですね。では、道徳の力とは何でしょう。

西野 そうですね。社会を変えるというよりも、社会をつくる力といいたいですね。そして、自分の人生をつくっていく力でもあります。私は大人世代からの「若者世代は問題だ」とか「今の子どもは」という発言には懐疑的です。昔から大人世代は若者世代を批判して「今の子どもたちは」といってきました。本当にそうなら、2000年以上もたった今の世の中はどん底に落ちているはずですが、そうではないですよね。

道徳には時代を超えて受け継がれてきたものもあるけれども、その時代、その時代がつくってきたものもある。だから大切なのは、これからの時代をつくる力を育てることです。それが社会をどう変える力になるのか、大人世代にはわからないけれど、その力を子ども

たちに託す、ということです。

　みなさんがおっしゃったように、私たちが生きているのは、未来が不透明な時代、不確かな時代です。一つには変化が激しくこの先どうなっていくかが見えない時代。そしてもう一つはグローバル化と呼ばれているように、いろいろな人たちが一緒に生きる時代になっています。いろいろな人たちが一緒に生きていて、この先どうなっていくかが見えない時代の中で、人が未来をつくっていくために必要な力って何でしょうか。それは、先ほど貝塚先生がおっしゃったように、人とつながる力でもあるし、そしてそのいろいろなつながりやかかわりの中で、自分の生き方を自分で決めていく力でもあります。最近よくいわれるようになった、自律、共生、協働、そして創造が、これからの社会をつくる上で子どもたちに必要になるでしょう。そしてその自律も協働や共生も、それから創造も、すべて価値にかかわっていることなのです。自分自身を大事にするとか、いろいろな人と一緒に生きていくとか、今までの常識を越えて新しいものをつくっていくとか、そういう活動はすべて価値に支えられています。私自身は、「今の子どもたちは」というネガティブな気持ちで道徳教育にかかわるのでなくて、未来をつくっていく力が道徳教育には秘められていると思っています。

松本　今の子どもにこういうものが欠けているからこういうふうに道徳でやりましょうではなくて、これからの時代は私たちも知らない時代なのだから、新しい時代に対応できる力をつけましょう、ということなんですね。

西野　そうです。そのために必要な力を子どもたち自身がはぐくんでいけるように、私たちはそういう環境を整えましょうということです。

従来の道徳はどこが問題だったのか

松本　すでに日本には道徳という学習時間があって、半世紀以上も前からやっているわけですね。では、なぜその道徳では駄目なのか。今までの道徳とは一体何だったのか。そこを振り返らないかぎり、視野に入っている「特別の教科　道徳」で新しいものはつくれない。ちょっと一回戻るかたちですが、今までの道徳とはどういうものなのか、何が足りないのか、そこを振り返ってみたいと思います。

　私が取材の現場で感じる道徳のイメージというのは、まず気持ち悪いほど気持ちをきく。正解が決まっている。それを先生が子どもに押しつける。これは子ども側のもつイメージです。

　そしてもう一つ、先生側にとっては道徳のイメージは難解であるということです。道徳教育は道徳性を育て、道徳の時間は道徳的実践力を育てる。そしてこれの相互関係は「補充・深化・統合」であると。これは書かれているとおりだけど、これがあるために、形式化、形骸化してしまったという現実があるように見えます。これについて、ちょっと補足してもらえませんか、貝塚先生。

貝塚　私はもっと否定的にとらえてしまうのかもしれないですが、確かに、気持ち悪いほど気持ちをきくとか、正解が決まっている、押しつける、といった非常にステレオタイプのイメージが道徳にはあります。確かに、この点は否定できない側面もあるし、難解だというのもわかるのですが、一方でそもそも難解だとか、気持ちが悪いほど気持ちをきくとかいわれるほど、きちんと学校で道徳の授業をやっているのかどうかが疑問です。道徳は

難解なのが当たり前だけど、教師は難解だというところで思考停止してしまっているのではないでしょうか。こういうと語弊があるかもしれませんが、教科化と直接に関係することになる教師が、道徳教育や教科化について驚くほど何も考えていないのではないかなと思うのです。道徳が教科化されるというニュースすらほとんど知らないのではないかと思うことがあります。

　道徳教育の研究開発指定校になった小学校へ行ったときに、そこの教員が懇談会の報告書すら読んでいない。何も勉強していない。あげくの果てには、「何をしていいか教えてください」といわれました。つまり、実は難解とかいうレベル以前に、そもそも現場は何も考えていない、何も勉強していないという実態があるのではないでしょうか。

　このことは非常に問題で、50年以上も「道徳の時間」を実践しているにもかかわらず、結局その50年間の成果とは何なのかといわれたときに答えられない。いまだに道徳の時間がちゃんと実施されているかどうかということを文部科学省が5年に1度調査しなければいけない状況が続いている。こうした深刻な状況をもっと反省しなければいけないと思います。ちょっとご質問の内容よりも先に行っているかもしれませんけど。

西野　それは、私はどうかなと思いますね。現場の先生たちが十分に取り組めていないなら、なぜそういう状況になったのかということを、私たちはもっと考える必要があるのではないかと思います。

　どんなにたいへんでも、先生たちはそれが子どものためになると思えば頑張るし、大事にしようとなさっています。例えば公立中学校における職場体験学習の実施率は、平成10年頃には3割程度でしたが、現在は、ほぼすべての公立中学校で実施しています。日数も1日だけの体験が減り、3日間〜5日間実施する学校が増えました。そのために受け入れ先を探したり、挨拶に伺ったり、生徒の様子を見回ったりと、先生方の負担はものすごくたいへんです。でも、そんなたいへんなことをなぜ続けることができているかというと、職場体験から戻ってきたときの子どもたちの顔が行く前と違っていたとか、達成感が伝わってくるとか、子どもたちの成長を感じるからなんです。先生たちは、子どもたちの成長を望んでいます。子どもたちがそこで生き生きと輝いている、そんな活動であれば、学力に関係ないと思っても頑張ろうという気持ちになるわけです。

　ですから、十分に実施されていない状況があるとすれば、そこには本来先生たちがもっている思いを阻害している要因が何かあるはずです。それは道徳の授業が、先生たちのニーズや願い、あるいは子どもたちのニーズに応えていないからかもしれない。あるいは、先生たちが例えば学力向上にすごく追われていたり、たくさんの事務処理に追われていたりして、じっくり研修したり、懇談会の報告を読んだりする時間さえないのかもしれません。そういうところを全く考えないで、学校の先生たちが取り組んでこなかったのではないか、理解する努力がなされていなかったのではないかなどと決めつけてしまうのは、どうかなと思います。

松本　先生たちは子どもたちの成長を望んでいる、ためになることであればどんなたいへんなことでもやるということですね。

西野　どんなたいへんなことでもというとオーバーですが、基本的にはそうです。

松本 職場体験の場所をセッティングするのだってたいへんですよね。それでもやる。でも、道徳は教室でできるのにやらないとしたら、ためになるということがわからなかったという可能性もありますよね。

西野 そうですね。だから、道徳授業が子どもたちの成長にとって意味があるということを示す必要があります。

貝塚 いやいや。意味があるかどうか、それはわかりますよ。意味があるかどうかっていうことの検証をするほどの蓄積も積んでこなかったのですよ。つまり、先生たちがやっている「子どもたちのために」ということは、教師という職業を選んだのだからそれは当然のことです。教師にはそういう人たちがなっているはずだし、そうでなければ困る。けれども、その思いと「道徳の時間」の実践とを結びつけようとしてこなかったわけですね。法的にも「道徳の時間」はやらなければならない。学習指導要領にも「道徳の時間」は「要（かなめ）」と書いてあるわけです。にもかかわらず、それがなぜ結びつけられなかったのかは、外的な要因だけではなくて、やはり教師自身の問題もあると思いますよ。

松本 柳沼先生、何かおっしゃりたいのでは。

柳沼 議論が戻るかもしれないですが、やはりなぜ道徳の時間があまり評判よくないかというと、最初の出発点、道徳の特設が行われた時点では、やはり戦前の修身教育に対する批判といいますか、反省があったからだと思います。それで戦後、新たにどういうふうにやろうかというのをいろいろ試行錯誤した結果、ちょっと評判悪いのですけれども、画一主義とか徳目主義とかが出てきて、どうしても価値の押しつけみたいなかたちになってしまいました。

そこばかり強調しないで、むしろ戦前と比較した上でいえば、心情主義的な要素も出てくるわけですね。価値の押しつけではなくて、主人公の気持ちを聞いていく、そして道徳的価値の自覚を深めていくというかたちで進めていくのです。しかし、そこばかり強調するので、今度は気持ちばかりきく授業になったのだと思います。

ただ、画一主義、徳目主義、心情主義をうまく組み合わせると、非常に簡単でわかりやすい授業が展開できるのですね。まずは、道徳の時間をきちんと普及させなければならないということで、そういう形式が、ある種の強制力をもって全国に広まっていったというところがあると思います。そのときに、やはり足りないのは、思考力であるとか行動力の育成だと思います。やはり戦前の修身教育を反省しているのだから、本当は批判的な思考力や行動力を養っていかなければならないところもあったのですが、それを養ってしまうと授業が混乱してしまうところもあって、封印したところがあると思います。ようやく今日になって、問題解決能力とかコミュニケーション能力とか、コンピテンシーを養わなければならないという時代的な要請が出てきて、指導法の多様化、指導内容の多様化が図られてきたということがあると思います。

あともう1点ですが、なぜ道徳教育というのは難しいのか。現場の先生にとってばかりでなく、私も学習指導要領であるとかその解説書を読むと、けっこう難しいなって感じることがあります。何でこんな複雑な定義にするのだろうかと思います。この原因をよくよく分析すると、一方で徳目主義的な定義があって、もう一方には能力主義というか経験主義的な定義があるのですね。それが複雑に絡

129

みついているがゆえに、一通り読んだだけではすぐにはわからないのです。そこで、そのあたりをもう一回解きほぐして、どういうような徳目あるいは道徳的価値を習得すれば、どんな資質や能力が身についていくのか、本当に実効性があるのかというようなところも検証する必要があるでしょう。

あと道徳性なり道徳的実践力の諸様相といわれるような、道徳的心情とか判断力とか実践力、態度、行動力などについても、もう一回精査し直す必要があるのではないかと思っています。さらにいえば、補充・深化・統合の概念も、わかりやすい言葉で定義し直すべきです。

新しい道徳教育のために何をすべきか

松本 それはあとでまた伺います。押谷先生、今の授業というのは、心情、道徳的心情を養うということにとても重点を置いていますよね。そのためやっぱり気持ち、気持ち、気持ち。ずっと気持ちで気持ちから離れられないっていうところが出てきてしまう。これはどうしてこういうことになったのですか。

押谷 さっきの話になるのですが、今の道徳では駄目、あるいは今の時代に効果がないということは、全体的に見たときの評価だと思うのですね。ところが、部分的に見たときには、ものすごく効果的な指導をやっている学校があるわけですよ。つまり何がいいたいかというと、現在の状況の中で授業の質の格差がどんどん広がっているということですね。だから、効果が上がっている学校の実践的なノウハウがもっと全国に広がっていくように事例の紹介をしていくということは、一つの課題としてあると思うのです。

もう一つ、道徳の授業論に関連して、結局、道徳の時間は特殊だというような感覚がある。それは道徳の特性からきているのですが、それを機能させる仕組みが不十分なのです。つまり学校教育全体の中で道徳教育をやる、各教科でやったりする、それと響き合わせていく。そうすることで道徳の時間は「要」としての役割を果たさなくちゃいけない。家庭、地域との連携もやっていかなきゃいけない。大きな仕組みの中で、道徳教育というのは動くわけです。今の状況の中でもその仕組みがうまくできている学校は効果が上がっているけれども、しかし多くの学校ではなかなかやれない。だからそういう仕組み的なものも、もう一度しっかりと押さえて、どの学校もしっかりできるような改善をしていかなきゃいけない、と思うのです。

先ほど、道徳の時間で気持ち悪いほど気持ちをきくという話がありましたね。道徳は、やっぱりいろいろなことを考える。考える中で、反対もあるし、また賛成もある。単に、この事実で賛成か反対か、そこでどうしたらいいのかということで議論をする。でもそれだけではなくて、基本的には共感的理解を基にしながら、人間としての気持ちを押さえることによって、その主人公なり、登場人物なりに感情移入していけるわけです。だから、「主人公のようにしなさい」じゃなくて、「そういう状況の中で、私はこれには賛成じゃない」というような話が出てもいいのです。それは一つの道徳的な思考、あるいは授業の一つの方法として考えられるからです。

同時に、道徳的心情といったときには、基本的に困っている人がいたら何とかしてあげたいという気持ちと行動力が含まれるのではないでしょうか。だから道徳というのは、道徳的実践につながっていかなければいけない。

そうした実践へとつなげる根源的な力、本来的な能力というものは、心情的な部分、感性、あるいは気付く力みたいなものが土台になっている。だから、心情をしっかりと育てていこうということになります。それは何も判断力を低下させるようなものではありません。どちらかというと、他の教科では知識、理解的なところに行きがちだから、道徳の時間の特性をもっとしっかりと認識してもらう意味において、心情を大切にしていきましょうといいたいのです。平成元年の学習指導要領改訂で、道徳的心情が特に強調されるという背景は、そういうところがありました。

松本　今の道徳が100パーセント駄目という話ではなくて、やはり物事にはすべて功罪、光と影がありますね。光の部分は光で、例えば今、押谷先生がおっしゃったように、そこでがらりと変わる学校があった。がらりと変わってしまう子どもがいた。学級があった。それは西野先生もおっしゃっていることですよね。一方では影の部分があって、何も考えてなかったじゃないかという、貝塚先生がおっしゃっていたことですよね。そういったことをミックスして、いいものは残し、欠けていた部分は補充するかたちで、新しい道徳を築かなくてはいけないというような問題の認識でいいでしょうか。

押谷　今までうまくいっているところは今までどおりでいいというのではなくて、うまくやっているところでも今何が求められているのかという背景を分析しながら、社会のいろいろな変化の中でどう生きていくかということが改めて問われるわけです。だから、そうした道徳的な価値意識をもつだけでは駄目で、むしろ積極的にそういうところとかかわっていけるようにしていかなきゃいけない。それがいわゆる問題解決力といわれることなのです。そのためには、そういうところへとつなげていける仕組み、あるいは指導計画をしっかりと押さえていく必要があります。その意味において、もっともっと改善する余地はあるように思います。

松本　つまり道徳を根本からひっくり返して新しいものをつくるのではなくて、道徳の再定義、時代に合わせた再定義っていうのが今回の「特別の教科　道徳」の意味づけだとお考えになるのですか。

押谷　再定義というよりも、道徳に対する誤解があるのですよね。その誤解を解くような、そういう本質論的なことをまずは確認し合う必要がありますね。

松本　道徳への誤解を解く。

押谷　そうですね。道徳の時間に対するとか。

松本　道徳の時間や道徳教育への誤解を解く、ですか。

押谷　道徳教育に対する誤解としては、「押しつける」ということがある。この点に関して、おそらく貝塚先生は「なぜ押しつけてはいけないの」と、こういわれるかもしれない。道徳的価値の目的が何かというと、押しつけるか押しつけないかではないと思うのです。子どもたちがしっかりと自覚できているかどうかが大事なことです。そのためにいろいろな方法があります。やっぱりこれ大切だよねと確認する。でも、その確認が子どもたちと離れたところで行われていたら駄目ですよ。子どもたちから「やっぱり大切だ」というかたちで出てきて、しっかりと心に落としていく。そういうことが必要だと思うのですね。例えば低学年の段階では、まだ知恵がついていないわけですから子どもに任せたって駄目です。子どもたちはどうしたらいいのかわか

らないでいる。

　道徳に対してはそういう誤解的な部分があると思うのです。価値をしっかりと取り上げることとは、よく子どもたちから意見を出させていろいろ考えさせなきゃいけないとか、あるいはわかっていることを確認するだけの授業になっているのはいけないとか。これ全部、道徳の時間に対する誤解だと思うんです。

　基本的でかつ難しい言葉かもしれないけれども、「自覚」というのは単なる理解じゃないんです。自ら覚るわけですから。覚るとは何かといったら、やはりそこで終わるのではなくて、行動へと導いていくことが大事なんです。だから、いわゆるリフレクティブネスですか、そういう内省的な部分をもっとしっかりとらえ直していく。内省をもっと分析していくと、当然実践につなげていくような部分が見いだせてくると思います。つまり誤解というか、もっと今の道徳というものをしっかりと理解していただけるような表し方、あるいはPRの仕方が必要だろうと思います。

松本　道徳への誤解を解く、その作業を新しい道徳、つまり「特別の教科　道徳」に託していくということなのですか。

押谷　僕はそこがいちばん大きな課題かなと思います。

道徳教育と学校文化との関係

西野　ちょっと一つ補足させていただいていいですか。先ほど貝塚先生のご意見になぜリアクションをしたかというと、私は、道徳教育で教師を一人にするということが非常によくないと思うのですよ。だから、理解してない教師が悪いっていうまとめ方は、決して道徳教育を進めていく上でプラスではないと思っています。道徳教育というのは学校の教育活動全体を通して行うものだから、学校としての取り組みなのですね。ところが、例えば新任の先生が中学校に入った。自分の学級が学級崩壊してしまって授業がうまくいかないという状況だったら、子どもとじっくり考える道徳の時間なんてとてもできないですよ。それだったら、もう成績がちゃんと出るような教科をしっかりとやらなくてはとなりますよね。そこで、誰もその新任の先生を助けないで孤立させてしまう学校だとしたら、それこそが問題です。学校として道徳教育に取り組んでいく、学校として道徳の時間を大切にしていくという共通認識のもとで、先生をバックアップする体制が学校にないといけないと思うのです。

　だから、私は個々の先生たちの努力が足りなかったというまとめ方をするのではなくて、学校が本当に道徳教育を大事にしてきたのかを問い直しましょうといっているのです。道徳教育を大事にしているっていうのがお題目になっていて、実際はそれ以外のところにしか学校の目がいっていなかったとすると、一人一人の先生たちの授業への意欲もそがれてしまうでしょう。もし今度「特別の教科　道徳」ができるとすると、日本の学校教育は道徳を大事にしていますというメッセージを学校に対して発することになります。そしてそれを受け取った学校が、学校として道徳教育に取り組んでいきましょうと応じるならば、先生たちが一人で悩んだり苦しんだりという状況が少しでも解決されるのではないかと思っています。

押谷　まさに効果を上げている学校というのは、先生のおっしゃったとおりの学校なんですね。そういうことをもっとしっかりやれるような提案へと、この教科がなっていったら

いいと思いますね。

松本 押谷先生は別のところで、教室の中での先生と生徒・子どもとの関係も新しい道徳をつくる上で、また雰囲気づくりの上で大切だっておっしゃっていましたね。つまり教師に対して質問する、意見を言うというのが、今の日本の学校教育ではできていないというお話でした。

押谷 道徳というのはよりよく生きるとか価値うんぬんとかいいますが、教育と考えれば、そのための状況をつくっていかなきゃいけないわけですね。その一つに教室の環境づくりがあります。つまり先生と子どもたちが、あるいは子どもたち同士が気楽に心を開いてコミュニケーションできるというような関係なり雰囲気をつくる努力をしていかなければいけない。そういったことも含めて、今度の提案の中にしっかりと盛り込めればいいなと思います。

西野 アメリカの人格教育がまさにそうだと思います。学校文化を育てることに力を入れていますよね。私たちは1時間の授業の指導方法に関心を向けがちなのですが、それを支える学校文化がとても大事だと思います。

押谷 僕もニュージャージーで見たのは、本当に学校ぐるみで取り組む姿でした。ニュージャージーの人格教育（character education）協会のやり方は、要するに学校の環境づくりから地域のみなさんとのかかわりなどいろいろなことを総合的に指導していきながら、各学校の成果を協会で評価し表彰しています。表彰された小・中・高等学校を訪問したのですが、学校全体でみごとに道徳文化づくりをしていました。まさに西野先生がおっしゃった、学校ぐるみの意識改革がないと本当の意味での道徳教育の成果は発揮できないかもしれません。だけど、そういう体制をつくっていこうとする行動こそが、まさにエポックメイキングなものになると思います。

貝塚 学校ぐるみで道徳教育をやって、それで成果を上げるというのは、これは当たり前の話だと思います。問題は、その当たり前のことが日本の学校ではなかなかできなかったということでしょう。つまり、特に戦後の日本では、道徳教育は非常にタブー視されてきたわけです。その意味で道徳教育は、常に政治マターだったわけです。政治マターだったから学校ぐるみでやろうとすると、反対の先生が3人、4人いたならばできないという状況があったのではないでしょうか。つまり、道徳教育が政治マターとしてとらえられてきたことが、道徳が教科になれなかった大きな理由でもあるわけです。やっぱり継子扱いされてきたのは事実です。

だから道徳教育を政治マターではなくて、きちんと教育論として考えていきましょうといっているわけですね。いろいろな主義、主張はあっても、さっき西野先生がいったように、子どもたちのために学校ぐるみで支えていきましょうと。そしてその環境をつくるということが、おそらく教科化の大きな意味だと私は思います。

そのためには、制度を変えて、道徳をやらなければいけないのだという前提をつくる必要が日本では出てくる。その上で子どもたちのためにやらなきゃいけないということが加わってはじめて、じゃあ子どもたちのためにどうすればいいのかという、教育論としての議論が出てくるはずなんですね。

それを、やるかやらないか、あるいは賛成か反対かに矮小化してしまったならば、それはもう子どもに正対していることにはならな

133

いですね。だから、ただ単純に学校ぐるみでやればいいっていうのではなく、学校ぐるみでやれなかったこれまでの状況をいかに打破していくのかという意味も道徳の教科化にはあると思うのです。

柳沼 さっき人格教育の話が出てきたので、そのつけ足しをします。先ほども申し上げましたが、アメリカでは協働的なケアリングコミュニティーとしての学級・学校づくりというのが非常に大事にされているわけです。それは、そういうものを大事にしていこうという学校文化というか地域文化があるのだと思います。小さい頃から、アメリカでは問題解決学習とか、プロジェクト学習などに取り組んでいきます。また、ピアサポートでお互いに友達同士で支え合うとか、サービスラーニングみたいなものをやって自分の意見をどんどん発言するとか、体験的な学習をやっていく中で、自己表現力とか行動力を養っていくわけです。そして子どもたちは体験を通じて学び、自分をつくっていきます。その結果、民主的な話し合いを通して学校もできていくし、さらには民主主義社会も築き上げられるという、好ましい循環があるのですね。日本もやはりそういう意味での自律的な自分づくりと同時に、民主主義社会の自律的な構築を両立させるロジックを取り入れる必要があると思っています。

関根 先ほどの議論の中で、道徳教育をやるべきか否かという入口の議論がずっと続いていて、なかなか中身まで入っていかなかったという指摘がありました。中身をどう具体的に改善したらよいのかという議論は私も今まであまり聞いたことがありません。しかし、最近の中教審の道徳専門部会ではそうした話し合いがようやくなされているということな

ので、いよいよ本当の意味での議論がなされるようになったことに大きな期待をしています。

韓国の場合は、ご承知のとおり1973年から教科化していますので、これまでも目標や内容、方法、評価に関する議論は既に行われてきております。ただし、現実的で現代的な課題に対応していく道徳教育へと転換してきたのは、ここ10年くらいのことです。最新の国家基準カリキュラムは、2012年に発表されています。日本の学習指導要領と比べて何が違うのかといいますと、カリキュラムの内容についていえば、例えば初等学校の3、4年生にはインターネットの功罪やマナー、ネット中毒の予防などについて扱われています。いじめに発展する可能性のある、トラブルへの解決法なども扱われています。中学校でも情報倫理や、環境倫理、グローバル化時代の多文化教育など、今後子どもたちが直面しがちな現実的で現代的な課題が多く扱われています。また、児童・生徒の発達段階を考慮しながら、課題解決的なテーマ型学習が取り入れられています。テーマを追究していく中で、子どもたちには、認知的な学習や情意的な学習、実践的な学習を展開させ、総合的に道徳性を育成しようとしています。ですから、韓国の道徳教育がすべていいというわけではないですが、中身の議論をしてきた期間が長かったので、日本がこれからやろうと思っているような内容を少し先んじて実践しているという印象をもっています。

押谷 例えば初等3、4年の内容を見ると16項目ありますよね。4つの領域でくくってあって、全体価値が4つある。領域別というか、関連領域価値というのですか、それがこれだけあったりしますと、どういうかたちで教科

書編集がなされ、どういうかたちで指導がなされるのですか。簡単に教えていただけないでしょうか。

関根 教科書は、初等学校では国定教科書ですが、中学校と高等学校は検定教科書を使用しています。実際に教科書を見てみると結構ページ数があり、分厚くて内容が多い。現場の先生たちにとっても、分量が多いのがやや悩みの種でもあるようです。

押谷 教科書の大単元、小単元的なことでいくと、道徳的主体としての「私」は大単元になるのですか。

関根 例えば、3、4年生の内容項目の「道徳的主体としての私」の中には、「大切な私」とか「誠実な生活」というのがあります。その「誠実な生活」が大単元になり、その大単元がさらに3段階の小単元に分かれています。

押谷 その中に、いわゆる「尊重」とか「責任」とか「正義」とかの価値が散りばめられているという編集、あるいはそういう指導ということで考えていいのですか。

関根 基本的には、一つだけの価値ではなく、複数の価値が入っている大単元があり、それを追究していくということですね。

押谷 わかりました。日本でも価値の体系を考える場合には参考になるかもしれませんね。

関根 先ほど、日本では心情を中心に扱ってきたというお話がありました。もちろん、韓国でもその心情的な部分、つまり情意的な部分も重視していますが、それだけでなく、道徳的な知識や判断などの認知的な部分や実践的な側面も同時に育成しようとしている点が大きな違いかと思います。

押谷 だから教科書編集では、認知的側面、情意的側面、行動的側面の部分が、考えてみようとか、調べてみようとか、やってみようとか、そういうものが散りばめられているということですね。

関根 そうですね。初等学校では1時間は40分ですが、その40分の間に一つだけ、例えば登場人物の心情だけを追うというようなことはしません。知識や実践などのいろいろな要素が入っていて、総合的な観点から道徳教育を行っているという感じを受けています。

新井 先ほど出てきました、学校ぐるみで道徳教育をというところに私も非常に関心をもったのですが、イギリスの場合でも、宗教教育もシティズンシップ教育も、あるいはPSHE教育もみんなそういう取り組みの仕方をしています。全校アプローチということに非常にこだわっています。

そのときに、道徳教育というのは、結局のところ、どういう人間をこの学校では育てようとしているのかということをきちっと考えていますね。それは決して型にはめるということではなくて、自分たちが目指している教育というのは、何を目標としているのかということを考えて、そこから道徳の領域に限らず、教科カリキュラムも含めて、自分たちで考えていくということが習性になっているというか、いわゆる School based curriculum development というものが当たり前になっているということがあります。

日本の場合は、そういう点で言うと、しっかりとした教科書があって、水準を維持するために非常に役立っているとは思うのですが、それがかえって自分の学校ではこうするという、先生方が一から考え直すことの必要性をあまり感じさせなかったことが道徳に限らずあったと思います。そこに突然、道徳ではどうするかと、そこだけを切り離して考えようとしてもなかなか難しいのかなと思います。

よくも悪くもイギリスの場合は、各学校が考えなければいけないという文化があって、その上で、実は教科書も自由発行、自由採択の国なので、どれを使うか、そして極端なことを言うと、一つの授業の中でどれとどれを使うかも自分たちが考えるというようなところがある。だから必要なものは何かをまず考えて、それを探してくるということをする。その結果、学校全体として、自分たちはこういうことを目指すからこのことをやっていこうということが、いわゆる道徳に当たる授業だけではなくて、他の教科でも同じように考えざるを得ないというか、する余地があるというか、そういうことがあるんです。ただし、こうしたことが全部の学校でうまくいっているという意味ではないのですが、うまくいっている学校は、それらが有機的に機能しているからではないかと感じます。

教科としての道徳の構造について

松本 イギリスでは、各学校がどの教科書を使うのか、自由選択だから考えなきゃいけないわけですね。日本とは全く違うんですね。日本では学校が自由に教科書を選択する権利なんかないわけですから。

道徳への誤解を解いたり、新しい道徳を考えたりしようとするとき、先ほど貝塚先生が新しい学校文化や教育論をつくるきっかけにするのだっておっしゃっていましたが、制度としてなかなか難しいものが大前提としてあるわけですね。でも、その中でもせっかくの機会なのだから、少しでも誤解を解き、道徳というものが本当に求められているのであれば、そして本当に子どもたちの成長に欠かせないものだということがわかれば、学校も先生方も取り組むはずです。

そのためには、やっぱり誤解を解き、まず先入観をなくさないといけない。今の道徳教育の目標は道徳性を養うことであり、道徳の時間においては道徳的実践力を育成することになっています。では、目標について何かご意見がある方はいらっしゃいますか。ここをこういうふうにしたら、もっとわかりやすい目標になる、なんてアイデアはありませんか。

柳沼 道徳というと哲学的な意味合いが深くて、カントとかシュプランガーなど哲学者が綿密に定義しています。私は、道徳をもっとシンプルに身近なものとして考えていいのではないかと思っています。

教科というのは、そもそも何らかの指導内容について習得することで何らかの資質・能力を養っていくということですので、道徳に関していえば、道徳に関する内容を習得することによって道徳的実践力を身につけていくことであるといえます。その道徳の内容に関しては、具体的に学習指導要領に内容項目として出ています。また、道徳的実践力というのは、いろんな定義がありますが、道徳的な基礎知識を習得すると同時に、思考力、判断力、さらには心情、意欲、態度、行動力、習慣を身につけていくということで、非常にわかりやすい定義も一方ではあるのです。ただ、そういうある種の一般的な定義をすると、道徳的な深みがないとか、各教科と同じになってしまうという懸念もあって、結構複雑な定義がまたなされる。そのへんを一度解きほぐして、一般的にわかりやすいかたちで提示したらどうかと私は考えています。

松本 その意味で、貝塚先生が冒頭「他者とのよりよい関係性を築くための知恵」とおっしゃいましたよね。それを道徳の定義に掲げてみると、やっぱり深みがないですか。

押谷　それはまさに倫理という言葉の定義ですよね、人間関係というところからきているということは。

松本　他者というのは、人間関係だけではない。

押谷　そう。だから、今の話はちょっと人間関係に片寄るところがある。人間だけじゃなく自然や崇高なものとか、あるいは社会そのものとのかかわりとか、トータルとしての生活の中の実態を踏まえながらのかかわりを深めていく必要があります。でも、そのベースが人間関係ですよということですよね。そういうことが必要かなと思います。

西野　かかわりということでいえば、「自分自身とのかかわり」という視点もありますね。この視点はとても大事で、つまるところ、道徳というのは自分をコントロールする視点であると私はとらえています。

　自分をコントロールするというと、例えば法律やマナーは、いわば外から自分を縛るものです。でも、道徳は、自分自身の内から自分を縛るものです。自分で自分を縛るのは何のためかというと、それは目先の利害にとらわれずに本当の目標とか願いを達成するためでもあるのです。本能とか欲望のおもむくままに行動していたら、自分の本当にやりたいことが実現しないことだってあります。だから、自分の願い、想いとか夢を実現するときに、どうしても自分をコントロールする部分というのは必要なんです。

　ではどうやって自分をコントロールするか。それは例えば、自分自身を客観的に見ることであったり、他者の立場に立って見たりすることです。そして、社会の中で自分はどうあるべきかと考える。自然など人間以外のものとのかかわりの中で人間としての自分の生き方を考える。そうやって他者を通して、自分をコントロールし自分の生き方をつくっていくという視点も、道徳の一つの見方だと思います。

貝塚　それはよく納得できますね。他者の中には自己も入るのだっていう。自己というのも当然もう一人の他者。自我と自己という観点からは、やはり他者の中には自分自身も入ってくるわけです。

西野　道徳では「反省」という言葉をよく使います。英語ではリフレクション（reflection）です。リフレクトは「反射する」という意味です。それがなぜ「反省する」という意味になるかというと、いわば鏡に反射させて見ることだからです。鏡に映る自分の姿を見て考える。自分の姿は、自分の目で直接見ることはできないので、鏡に映して初めて見えるようになるわけです。同じように、他人も実は鏡の役割を果たしていて、会ったときに少し変な顔をされたりすると、自分の服装か何かがおかしいのかなと思って自分を見直してみる。他者も自分を映す鏡なのですね。だから、リフレクトという言葉は、深く考える、反省すると訳しますが、それは何かに自分を映しながら自分を省みて考えるという意味なのです。ところが、日本語ではその意味が薄れてしまって、悪いことをごめんなさいと反省するという意味になったのはとても残念だなと思っています。

松本　教室では、糾弾して「ごめんなさい」といわせる場を反省会と呼んでいますね。

西野　そうですね。

押谷　今、貝塚先生が、相手の立場に立ってしっかり考えるということと、自分を見つめる的な部分がある、といわれましたが、全くそうだと思います。だから相手の立場に立っ

て考えるということを道徳の時間でしっかり育てる。感情移入うんぬんという批判もありますが、自分の立場ではなく相手の立場に立って考えるというのは、要するに自分を見つめる目を多様にしているということなのですね。だからこそ、そこに価値的なものも基準的なものも入ってくると思いますが、相手の立場に立って考えることの大切さは道徳の授業では大事にしてほしいと思いますね。

松本 自分を見つめる多様な視点。それを道徳が育てるべきだ。それもいいですね。

西野 そうですね。だから直接的な自分の利害とか、本能や欲望とは異なる視点から、自分を見るということが道徳的な視点だと、私は思います。

柳沼 道徳の視点として、相手の立場に立って考えるというのは基本中の基本だと思います。可逆性の原理という言い方もします。人は、問題を解決する際に、相手の立場に立ってもこの行為は大丈夫だろうかと考えます。さらに、この相手だったらよいかもしれないが、別の相手ではどうかと迷うわけです。ですから、「他者」をどのように解釈するかという問題もあると思います。まずは、自分の生き方なり考え方を大事にし、それが周囲の仲間を大事にするようになり、学級の友達になり、学校とか地域の人になるなど、だんだん広がっていくわけです。それとともに他者とのかかわりが生まれ、それが集団とのかかわりになり、社会とのかかわりになっていって、同心円的にだんだんと拡大していく。最終的には崇高なものや自然とのかかわりも含めて、かなり普遍的な他者とのかかわりができ、そういうものとの深い交流を通して自己がどんどん成長、発達していく。そのことで道徳性も成長、発達していくということがあ

りますので、そういう意味から、学習指導要領の内容項目をとらえると同時に、発達段階に応じた指導も開発していく必要があると思います。

松本 なるほど。同心円的にどんどん広がる中で崇高なものとの出会いがあるというお考えでしたが、その崇高なものとの出会いという点についてご意見をください。

貝塚 崇高なものの中には宗教も入ってくると思います。つまり「生命に対する畏敬」という言葉そのものも、当然ながら宗教的な存在として考えなければいけない。「他者」には自然だけではなく超越的な存在も入れるべきだと思っています。だから、やはり自分を見ているもう一人の絶対的な存在というか、そういう垂直的な感覚がないと、人間は自分自身を見つめることができないと思います。

日本の場合は、宗教という言葉自身が戦後の社会の中で特にタブー視されているところがあります。しかし、道徳教育にはこうした垂直的な感覚は無視できない。さっきもいいましたが、「他者」をどういうふうに考えるかという問題でもあるのですが、「他者」には「水平な意味で目に見える存在としての他者」と「垂直な関係での他者」があります。その交わっているところが「現在の自分」なのだという感覚がないと、他者理解もできないし自己理解もできないと私は思います。

西野 今日は貝塚先生に反対しなきゃいけないという感じによくなるのですが、3の視点には宗教が入るということをそのまま肯定していいものかどうか、私としてはちょっと難しいのではないかなと思います。

貝塚 超越的な、宗教的な、あくまで「的」をつけての意味ですけども。

西野 「自己の中の他者」には超越的な視点

もあるというのはそのとおりです。でもそれは良心と言うこともできます。それをあえて宗教と言う必要が本当にあるのかと思います。

貝塚 日本の場合、それをあえて宗教と言うのは非常に難しいけれども、「自分を見ている絶対的な存在」というのは必要だと思います。それは宗教的な価値観でもあるはずですが、そのことを無視して「自分自身」ととらえることの方が無理だと思います。さらにいえば、もともとの「生命に対する畏敬」という観点が今では「生命尊重」になっているわけですよ。「生命尊重」というのは、ある意味では、生きていればいいのかという話になるわけですね。自分自身が生きることの意味を深く考えるときには、もっと根源的な存在というか、絶対的な存在を無視することはできないはずです。だから、それをあえて切り離して、宗教とかに目を閉ざすことによって、例えば「生命尊重」ということだけに集約してくることの方が危険だと思うんです。

西野 私は、「根源的なもの」という言い方は別にかまわないと思います。宗教というのはやはり個々人の問題で、いろいろな宗教を信じている人たちがたくさんいるわけです。日本人がもっている一般的な宗教の感覚と、信仰する宗教をもっている人の宗教の感覚はやはり違うと思うのですよ。道徳でなぜ「世俗的」道徳、セキュラー（secular）ということを掲げるかというと、個々人それぞれの信仰は違うけれど、そういう人々がともに生きていく上で、共通に大切にしたいものがあると考えるからです。それを強調するために「世俗的」という言葉を使っているのです。

貝塚 さっき新井先生のシティズンシップの話にありましたが、逆になぜ宗教ということを言ってはいけないのでしょうか。宗教というのは、世界的に見ると非常に普遍的なものであって、宗教を考えるとか宗教に目を向ける教育というのは当然あってしかるべきだと思います。しかし、人間存在を考えるに当たって、宗教そのものを日本の土壌の中ではあえて無視していく、あえて触れないということ自体がむしろ問題であり、これは世界のスタンダードではないでしょう。

世界的に見ても宗教は社会や共同体に非常に大きな役割を果たしているということ、さらに文化論的な問題からしても、私たちは積極的に宗教あるいは宗教的な価値観に目を向けなくてはいけないのです。それがなければ自分自身を振り返るということは本質的に不可能になると思います。

西野先生は、日本の場合はあえて宗教といわなくてもいいといわれるけれども、私はむしろ日本だからこそ宗教といった方がいいと思っています。なぜあえて宗教といってはいけないのでしょうか。

西野 宗教に関する教育が不要だといっているわけではありません。道徳と宗教は別だということです。

新井 イギリスでは昔から宗教教育が唯一必修であり、それを今日も維持しているという原因は、そこだと思うんです。そのことを抜きにして価値教育を語るのは、かなりいろいろな面で無理をしているし、現在の日本の道徳教育にある「自然や崇高なもの」という表現では、むしろ子どもたちも納得するのが難しいのではないかという気がすごくします。先生方も子どもたちも違和感をもっているのではないでしょうか。

その個人が特定の宗教なり信仰をもっているかどうかは別として、やっぱり「宗教心」といわれるものは、例えば罰が当たるとか、

あの世だとか天国だとかということ自体も、そういうものが自分とのかかわりの中にあるわけですね。それをあえて避けた上でいろいろな活動を展開していくというのは、相当難しそうだなと思います。

柳沼 宗教も大事ですが、もう一つタブー視されてきたものに「愛国心」があります。

松本 「愛国心」はタブー視されているんですよね。教育基本法に書いてあるのに。

柳沼 ええ。ようやく改訂されて出てきたわけですが、戦前の修身教育ではあまりにも愛国心を強く意識させられ国家への忠誠心が押しつけられたという反省もあって、戦後はそれをタブー視したところがあったと思います。

子どもたちにとってもやはり、自分が生まれ育った郷土とか国を大切にしたい、愛そうという心情はありますので、道徳で伝統文化であるとか偉人や先人を取り上げようという風潮になってきたわけです。でも、そういうものは、ある種の大きな物語なのですね。

子どもたちというのは、一般に小さな世界で生きていますので、自分の欲望、欲求を果たそうとして好き勝手に生きているわけです。そこで、例えば自分がどんなアイドルが好きだとか、どんなゲームが好きだということだけでやっていると、小さな物語で自己完結してしまうのですね。それをずっと続けていると、人生ってあんまり意味がないよねとか、楽しくないねという気分になり、無気力・無関心とか無感動になってしまうところがあります。そのときに、自分の小さな物語を大きな物語につなげることで、自分をもう一度大きくつくり変えることができるのです。

そういう意味で、物語の変容による自己創造が道徳性の発達にもつながりますので、今後重要視すべきではないかと思っています。

松本 「大きな物語」、すてきな響きですね。崇高なるものというのは、神とか宗教的な言葉以外ではなかなか説明がつかないものではありますが、時間軸や空間軸といったらいいのですかね、そういうものを超えた大きな物語の中での自己の積み直し。それはさっきの西野先生のおっしゃっていた他者も自己をコントロールしているという多様な視点、大きな視点の一つにはなりますね。

西野 私は一人一人多様な、それぞれの小さな物語を大切にするという視点でよいと思います。多様な視点の一つということについて、ある視点を宗教的なものだとあえて定義する必要はないと思っています。定義することで、逆に一つの宗教を信じている人にとっては一緒に参加しにくいものになってしまうと私は思います。

世俗的という意味は、いろいろな宗教やバックグラウンドをもつ人たちが、「人を尊重するとはどういうことだろう」というテーマで一緒に話し合える場、互いの意見を聞き学び合える場があるということです。

違う宗教を信じている人たちが、道徳とか価値について一緒に学び話せる場をもっている国というのは、実際には非常に少ない。それぞれ自分の宗教の授業を受けています。道徳というのはそうではなくて、どんな宗教を信じていても、また信じていなくても、一緒にこの国やこの社会をつくっていこうというときに、そこで求められるものだと私は思うのです。だから宗教という言葉を入れることで、逆にそれが難しくなるのではないかなと思うのです。

貝塚 私があえて「宗教的なもの」といっているのは、非常に大きく「超越的なもの」でもかまわないのだけど、そういう広い意味で

の水平軸と垂直軸との関係から「自分が見られている」「自分は生かされている」という感覚の中での存在としてとらえています。西野先生がいっているのは、むしろ「宗教的なもの」というよりも、宗教の教義的なものをイメージして議論しているような気がするのですが。

西野 なぜそうなるかというと、実際に宗教を信仰している人にとっては、「宗教的なもの」ではなくて、「宗教」なのです。「宗教的なもの」ではない。だから「宗教的なもの」とはまとめにくいのではないかと思います。

押谷 一つだけいいですか。「道徳の目標」あるいは「道徳性」とありますが、本質的なことを言うと、日本では昔から「道徳性」とはいわずに「徳」と言ってきましたね。

僕は、道徳というのは徳を積むことによって、自分を磨いていく。そしてそれがよりよい社会をつくっていくというような趣旨が、もう少し入ったらいいなという気がするのですね。もちろんそのことで自分を見つめることが必要ですが、徳を積むという認識、つまり、いいことをするとよくなっていくみたいな、そういうものをしっかり押さえたいです。

これからの道徳の指導法とは

松本 そうですね。「徳を積む」にしても、どんな内容を組んでいくのか、それをどう全体設計していくのかについては、これからの議論に出てくるのですが、大事なことはやっぱりその指導法ですね。

今までの道徳教育について、さっきも話したように、正解を押しつけてきたというふうに子どもたちは感じているし、大学生などにアンケートをすると、もう最初から正解が決まっていて押しつけられた感覚があってたいへん不快であったという答えが返ってくる。こういう感覚は大人も共有しているので、道徳の教科化が政治マターにすり替えられてしまうということがあるわけです。教師の側にその思いはなくても、やっぱり押しつけられているという感覚が生まれてしまう指導法だったのかもしれない。だとしたら、新しい道徳では押しつけない。押しつけではない、自分を見つめる多様な視点、それを育てる道徳というもののあるべき指導法について、何かご提案はないでしょうか。こうしたらおもしろいというようなものでも結構です。

押谷 「道徳は正解を押しつける」というのはどういうことかというと、問題解決的あるいは知識理解的な考えで指導していくと、こうすべきだみたいなことになりますね。さらに規範意識を育てるというのは、要するに社会で一般的にいわれているようなことができるようになることというふうになりますね。まさに押しつけ教育ということになってくる。

しかし、本来の規範意識というのは、よくよく考えれば道徳性そのものととらえることができます。道徳とか道徳教育というのは自分の生き方をもっとしっかり考えることなのです。ただ、それぞれが自分の生き方について考えればそれでよいというのではなく、人間としての生き方をもっとしっかりと考えながら、それを自分らしく追い求めていける、そういう力を身につける教科なのだということを強く訴えたいですね。そのための方法として、先ほどの「徳を積む」的なものもあったりするわけです。

「正解を押しつける」という批判はいつまでたっても出てくるでしょう。下手をすれば教科になればなるほど正解を求める授業になっていくような危惧も感じます。思考力、判

断力といった知識理解的なことや考える力というのもいいですが、どうすればよいかを話し合うときに、結論はもうわかってしまっていますでは深まりません。道徳で培うべき本当の意味での思考力、判断力とは何かということをしっかり伝えていかないといけないと思います。今のままではちょっと危険なところもあると思います。それは同時に教科になることの危険性でもあります。

西野 「正解の押しつけ」という感想がどうして出されるのかというと、今の道徳には例えばこんな発問があるんです。電車の中で座っているとお年寄りがいらっしゃった。席を立とうかどうしようかとすごく迷ったけど、やっぱり席を譲らなきゃと思って勇気を出して席を譲った。その席を譲ったときの主人公は、どんな気持ちだったでしょうってきくわけです。子どもたちは譲ってよかったとか、いいことができたとか、勇気を出して行動してよかったのでこれからもこういう行動をしようなどと答える。そうすると、それらの答えを子どもたちは正解と受け取るわけです。しかも教師はこういうことを言ってほしいのだろうなと推測して答えるわけです。

子どもたちはその発問に対して、例えば自分の前にお年寄りが来て今日はついていなかったなどとは授業では決して言わないですよ。子どもたちは、あ、この発問には正解があるぞと直感する。教師はこの答えを求めているんだなと感じているわけです。だから、子どもたちからすれば、単に知識理解の授業だからということではなくて、心情を問う発問であっても、教師が求めている答えがすでにあってそれを言わされると感じているのですよ。

押谷 結局、指導案のねらいが問題だと思います。今のような授業は、低学年ではやっていいと思いますよ。でも、それを高学年になっても中学校になってもやっていたら、そんな授業では駄目だということになります。だから、まさに発達段階に応じた授業を考えていかなければいけないと思います。今のような授業のやり方ならば、子どもがちょっと発達したら先生がいおうとしていることは何かがすぐにわかってしまうわけです。こんな授業で終わっていたら、それこそ小学校低学年レベルになってしまいます。

でも、本当に子どもたちに考えさせるような授業ならば、「やっぱり先生、こうした方がいいと思う」といってくれるようになるだろうし、また、そういう気持ちにさせることが大切なことだと思います。

松本 問題は、小学校1、2年生と中学生が同じレベルの道徳授業をしていることですか。

押谷 たぶんその弊害がとても大きいと思います。

柳沼 逆のことをいわせてもらうと、アメリカでは低学年から本格的に問題解決学習をやっていきますし、大学生になっても詰め込みみたいな教育を前提としたディスカッションもありますので、一概にいえないところもあると思います。要は、基礎的な知識理解の指導と応用的な問題解決の指導とのバランスをどうとるかだと思います。

議論を前に戻しますが、やはり規範意識を育成しようというと押しつけに聞こえてしまいます。それで、その規範意識は何のために必要なのかというと、子ども自身が社会的・道徳的に成長するためという目的のほかに、社会秩序を形成するためだとか、国家の繁栄や経済成長のためとか、治安維持のためとか、いじめや少年犯罪を抑えていくためといった目的もあるわけですね。

松本 究極的には、為政者にとって都合のよい国民を育てたいということですよね。

押谷 そう、政治家にとって都合がよいというのもあります。そうではなく、やはり道徳というのは子どもたち一人一人のよりよく生きる力をはぐくんでいこうという目標があるわけです。社会とか他者とかと交わることによって成長していくわけですし、もし今の社会なり国家なりが駄目であれば、よりよい社会、国家を築くために学習する場でもあるわけですよ。それがいわゆるシティズンシップ教育などにも反映されていくわけですが、そういう学びの場を保障するためには、日本でもやはりもっと考える授業といいますか、判断する授業とか、問題解決学習であるとか、体験を通して学んでいくような体験的な学習が必要になるだろうと思います。

ここで押さえておきたいのは、「だから問題解決のためにはみんなで話し合えばいいんだよね」ということで終わるのではなく、「話し合うため、判断するためには、やはり基礎・基本となる知識や情報も必要なんだ」ということを理解した上での議論にしたいですね。今までは教え込みだったからこれからはそれをやめて、みんなで話し合えるような授業にすればいい、なんていうのはよくない。

松本 子どもたちの素地として知識があり、さらに子どもたちと先生との間に一定の信頼関係があってはじめて、話し合いでお互いの考え方の違いを認め合いつつ、何が大切なのかきちんと考えられる授業が設計できるということですね。やはり子どもと先生、それから子ども同士の信頼関係は欠かせないわけで、これがなければ話し合いはできないですね。

関根 一般に、生徒指導や学級経営の仕方でよくいわれることに、先生と児童・生徒の縦の関係と、児童・生徒同士の横の関係、つまり、縦と横の関係をうまくつくり上げていくことが非常に大切だというお話があります。でも、これは道徳の授業にも同じことがいえるかと思います。例えば、授業の中で道徳的な価値・徳目について一人一人が自分に向き合って学ぶことは大切ですが、その学んだ価値について、他の子どもたちはどう考えているのか、互いにどんな価値観をもっているのかを学ぶ時間であることも重要だと思うのです。

すべてが当てはまるわけではないですが、多くのいじめの発端には、ある子どもに対する偏見とか見下す気持ちが根っこの部分にはあります。自分より勉強ができないだとか、実技が下手だとか、最初から相手を見下す意識が根っこの部分にあるのです。しかし、道徳の授業で価値について学び、話し合い活動をしていく中で、自分が気づかなかった斬新な考えをする子どもがいたり、誰も気がつかないような観点からすばらしい価値観を述べたりする子どもがいることで、「意外とこの友達の考えってすごいな」というような体験をし、次第に友達に対する見方が変わっていく。そんな瞬間を数多く味わわせることができるのは道徳の授業だと思うのです。話し合い活動の中で、自分とは異なる価値観や視点を学び、そして異なる他の意見も尊重することを学んでいく。そういう活動を積み重ねることで互いにリスペクトし、尊重し合える土壌が生まれてくるものと思います。道徳の授業がそういった縦軸と横軸の信頼関係をつくっていく大きな機会になればと思います。

松本 そうですね。そういう横軸や縦軸をつくる授業になるための教科書というのはすごく難しいですよね。どんな教科書が想定され

ますか。『心のノート』を全面改訂してつくられた『私たちの道徳』、これを見るかぎりでは結論から入っている。結論にくっついた読み物資料になっている。これではなかなかそういう膨らみのある授業はしにくいのではないかなという心配もあります。これは教科書ではないですが、いずれこれを踏まえたような教科書も出てくるかもしれません。そういうもので果たしてみなさんが期待するような授業になるのか。新しい道徳をつくるための教科書とはどんなものを想定しているのでしょうか。

新井 さきほど申し上げたように、イギリスでは教科書は自由発行、自由採択なので、教科書から道徳教育をとらえようとするとなかなか難しいだろうなと感じます。イギリスの道徳教育は基本的に活動主義というか、実際に何かを体験してみて、最後に振り返る、考えるというのがとても多く見受けられます。例えば、「友情」というテーマを考えるときに、まず教室の中で二人組になっていろいろ活動していくのですが、お互いのよい点を見つけ合って書き出す、それをプレゼントのようなかたちで贈り合う。その次の時間は、その子と30分一緒に過ごしてみよう、学校中のどこへ行ってもいいからとにかく二人で時間を過ごしましょう、と促します。こうした生の体験を通して「友情」について考えさせ、ペアになった子には一体どんなよいところがあるのかを認め合いながら成長に導くという指導法が、ぱっと思い浮かびます。これは教師が意図的に仕組むのですがね。

こうした指導なり活動を教科書との関連でどういうふうにやっていくかとなると、なかなか難しい面があるのではないかと思います。教科書は、体験を補充するための読み物であり、読んだことと自分の体験とを結びつける役割を担うものだと思います。

道徳教科書に何を望むか

松本 検定基準も定まっていない中で、どんな教科書がいいのかというのは非常に漠としているのですが、貝塚先生はこんな教材、教科書であってもらいたいということがありますか。

貝塚 なかなか難しいのですが、おそらくその価値項目、内容項目ごとに、アプローチの仕方が変わってくるだろうと思いますね。

先ほど西野先生と話した宗教と道徳の関係をどういうふうにとらえるのかということの整理も必要になってくるだろうと思いますし、礼儀とかマナーと道徳との違いはいったい何なのかということも整理する必要があると思うのです。例えば、礼儀とかマナーの指導では、すでに共有された価値観なのだから結論から入ってもかまわないと思います。

それとは別に、いろいろな題材を使いながら、主体的に物事を考えていくためにはどうすればいいのかというアプローチの仕方もあるはずです。そのためには価値項目というか内容項目に沿うために相応しいアプローチの仕方をやはり教科書で考えていかなければならないと思います。

私個人の感覚でいうと、問題は、「主体的に考える」ということに尽きると思うのです。例えば礼儀やマナーを教えたとしても、主体的に考えさせる場面を設けることはできます。

だからいろいろな問題を子どもたちに考えさせ、しかもそれを主体的に選択して判断できる子どもを育てる、そんな教科書ができるといいなと思います。物事を自分の問題として主体的に考え、判断できるということがこ

れからの子どもたちに求められることです。日本人は実はこの点がものすごく弱いのではないかと思います。例えば、戦前の社会は個人の主体性がなかった。むしろ軍国主義とか超国家主義を生んだのは、日本人が主体的に考えることができなかった結果だという側面もあるわけです。

　そういうことを考えると、多くの日本人は以心伝心でわかり合えるという同調的な圧力が強く、何となく甘えているところがあるのではないでしょうか。これからはそうではなくて、直面するさまざまな問題について自分自身はどうとらえたらよいかじっくりと考え、主体的に判断できる人間を育てていくことがぜひとも必要だと思います。

松本　主体的に自分で考え判断できる人間を育てていく。それが道徳だとすると、評価はますます難しくなりますね。

柳沼　これからの道徳の教科書では基礎、基本となる知識や格言をしっかり提示するようなことがあってもよいと思っています。そこで道徳のテーマに興味・関心をもてます。それを踏まえて物語を読めば、道徳的価値の自覚を深めやすくなります。そのあとでその物語についてみんなで話し合えば、いわゆる応用的な認知的側面、つまり判断力や思考力を養っていくことができます。さらには、先ほどのイギリスの例のように、体験的な学習をして行動力や習慣形成にまでつながるような授業をしていくこともできます。教科書が多様なかたちで編集されていれば、あとは教師の創意工夫で何とでもなるのではないかと思います。

松本　つまり、教師に一定の力量が必要ということですね。

柳沼　本当にそうです。

押谷　道徳学習というのはいろいろなパターンがあります。例えば、調べることを通して自覚していく、あるいは体験しながら自覚していくなどいろいろなパターンがありますが、道徳の時間だけで考えると、そのようなパターンを教科書に盛り込むことはできません。だから教科書の中に、例えば新井先生がいわれた、体験を通して価値を深めていくようなことを記入できるコーナーを設け、それを踏まえてこの読み物資料の主題を学習していく。ただし、そういう構成の題材がただ並べてあるだけではなく、学習の手引きみたいなものを教科書の中につけていくとよいと思います。そうすれば子どもにも学習の仕方が伝わるのではないかなと思います。

　また、各教科等で行われる特性に応じた道徳学習をもっと道徳の時間にかかわらせていく、さらに家庭での学習もかかわらせていく必要があります。そういう学習ができる手引きを載せた部分もあればいいなと思います。

　さらに、重点的な指導ということで、例えば2時間とか3時間の授業形態も考えられます。その場合、1時間1時間が独立して行われるのではなくて、それらが有機的に結合しながら全体を通して深まりのある指導ができる、そんな工夫も教科書ではできると思います。

　自分を見つめるということに関しては、何となく「一つの価値にかかわって自分を見つめる」という感じがあります。でも、もっと1の視点全体からとか、2の視点全体からとか、あるいはトータルとして自分を見つめるという内容の展開ができる教科書編成ができればいいかなと思います。

　さらに、さっき柳沼先生がいわれたように、道徳の授業の中でもっと深く考えるきっかけ

145

となる活動とか、あるいは問題解決につなげていけるような活動などを工夫するとともに、多様で本当の道徳の時間の特性がわかるような教科書をつくっていくことが必要だと思います。

松本 教科書ができあがり、指導項目も確立しました。さあ、最後は評価です。そもそも評価はいるのかいらないのか、評価の方法は文章表現でいいのかなど、いろいろとご意見をいただきたいと思います。

柳沼 やはり評価を充実させることが教科化を成功させる鍵となるでしょうね。指導の流れを逆向きの設計で考えてみますと、評価することを前提にすると、指導法とか指導内容、そして目標も具体的に決まっていくのです。評価することによって道徳教育の信頼性や妥当性が付加されていくという面もあります。そのときに行う評価は、単によいことをしたとか、ペーパーテストでいい点数を取ったとかいうことだけでなく、やはり子どもの自己評価であるとか、お互いのピアレビューみたいなものを大事にしたいところです。近年でいえばポートフォリオを使ったり、パフォーマンスを評価したりするという実践もあります。決して上から目線で主観的に相対評価するのではなく、もっと多様な観点から絶対評価するのであれば、子どもたちの成長発達を促し、道徳の授業を改善するよい手立てになるのではないかと思います。

新井 柳沼先生がおっしゃったように、自己評価がすごく重要だと思います。それには言い訳のチャンスを与えるという意味もありますが、根拠に基づいた自己評価がきちんとできるかということになると、やはりポートフォリオなども含めて、「こうしたから自分はこうである」ということをしっかりと考えさせるというのは、先ほどから出ているリフレクションの意味からも、まずは第一に行うべきだと思います。このような自己評価を踏まえて教師が何らかのコメントをするという方向にいくのがいいのではないかと思います。

松本 ピアレビューをするためには、信頼関係、横の関係が必要ですよね。一方、自己評価、ポートフォリオをきちんと評価できるためには、縦の線が必要なわけですね。教師の力量も求められてきて、どれか一つだけあればできるという話ではないわけです。つまり、新しい道徳を築くためには、学校全体、社会全体でものすごくたいへんな作業が必要になってくる。どうしたらよいかというところで終わってしまうおそれはないですか。

押谷 基本は、学校全体、社会全体で、「特別の教科 道徳では子どもの成長している姿をしっかりととらえ評価する」と共通認識することだと思うんです。それには学校全体や学校と地域社会との信頼関係が大事なのではないでしょうか。つまり信頼関係をしっかりとつくっていけるような評価を考えればよいわけですよね。

そしてもう一つは、今、新井先生がおっしゃった自己評価です。基本的には、教師自身の指導力を自分自身で高めなければいけないのですが、それだけではなく、教師の指導が子ども自身の自己評価、自己指導力へとつながっていかなければいけない。それはまさにリフレクションの基本だと思うのです。だから、そういうふうに子どもを支援していく評価をしっかりやったらいいと思いますね。

西野 私も賛成です。

押谷 もう一つ。先ほどの宗教的情操についてですが、要するに価値とか人格というものは、まさに崇高なものです。思いやりをはじ

め価値の全部を完全に身につけている人間なんていないですよね。その点で道徳はある意味、理想を追い求めているわけです。だからこそ、道徳では価値意識を深めていくことができる、自分を高めていくことができるわけで、それだけすばらしい学習なんだよと認識させることが大事なんです。

　別の言い方をすると、「天が見てござる」というのは、ある意味では価値意識を「天」というかたちで意識するわけですよね。あるいは「世間様」というのも、言葉では表現しにくいけれども何か大いなるものにかかわって、やはり価値意識を身につけるということなんですね。

　子どもたちには、そういうふうに成長していけるんだということと、それが崇高なものなのですという意識をしっかりもたせてあげればいいなと思います。それを宗教的情操といってよいのかどうかわかりませんが。そういう意識をしっかりもたせないと、道徳が今のような知識理解レベル、あるいは単なる尊重というレベルで終わってしまうのではないかという心配があります。

松本　時間になってしまいました。今なぜ道徳が求められているのかから始まって、その道徳の在り方などで残した論点はいっぱいあります。それでも子どもたちの間の信頼関係、そしてその子どもたちの寄って立つところの知識、そういったものも支えつつ子どもたちの心をはぐくみ、教師との信頼関係も増進する、そして新しい社会をつくっていく力も身につけさせられる新しい道徳に期待したいというところで、この座談会を終わりにしたいと思います。ありがとうございました。

あとがき

　本書は、前書『道徳の時代がきた！―道徳教科化への提言―』(教育出版、2013年)の続編である。道徳の教科化が現実味を増して、社会的な関心が高まる中で、前書は道徳教育の関係者のみならず、このテーマに関心を寄せる一般の方々にもお読みいただき、さまざまな議論の対象としていただいた。こうした予想を上回る反響は、著者一同にとって望外の幸せであった。

　道徳教科化に関する議論は現在も進展している。「道徳教育の充実に関する懇談会」の報告書「今後の道徳教育の改善・充実方策について　～新しい時代を、人としてより良く生きる力を育てるために～」をうけ、下村博文文部科学大臣は中央教育審議会総会で「道徳に係る教育課程の改善等について」を諮問した。これに基づき、中央教育審議会は初等中等教育分科会教育課程部会のもとに道徳教育専門部会を設置し、道徳教育の教育課程上の位置づけ、道徳教育の目標、指導内容、指導方法、評価の在り方等について具体的に検討している。もはや道徳教科化の根拠や課題を検討する総論的な段階を終えて、「特別の教科　道徳」(仮称)の在り方や学習指導要領の改訂を吟味する各論的な段階へ入ってきたのである。

　そこで、本書では総論的な前書を踏まえた上で、より具体的に「特別の教科　道徳」のカリキュラムに焦点を当てながら、各論に踏み込んだ提言をすることにした。まさに、本書のタイトルにもあるように「道徳の時代をつくる」ための果敢なチャレンジを試みたわけである。道徳教科化に関する基本方針は、前書を継承しているが、本書では懇談会の報告書や中央教育審議会の議論を踏まえて、さらに具体的かつ発展的な内容になっている。

　本書の執筆者は、基本的には前回と同じように日本道徳教育学会のメンバーであり、新たにイギリスの道徳教育を専門とされる新井浅浩先生にも参加していただき、諸外国との比較検討について拡充させた。

　さて、実際に道徳を教科にしようとすると解決しなければならない課題が山積していることに気付かされる。道徳の目標を見直せば、それと一体化した指導内

容、指導方法、評価まですべて見直す必要が生じてくる。そこでそれらの課題一つ一つに正対して、我々が考えられるベストな方策を率直に提言することにした。

　ただし、道徳の教科化に関しては、総論レベルでは同意していても、各論レベルでは反対や異論がある場合が少なくない。特に、道徳の指導内容や評価については、そう簡単に合意形成できるものではないだろう。それゆえ、本書の執筆者の間でも各論のレベルでは長い議論を要することがあった。それは本書の座談会にも反映しているように思われる。それでも、我が国の道徳教育を充実させたいという熱き想いは、執筆者メンバーの誰もが共有していたため、協働して探究をし続けて、いくつもの難関を何とか乗り越えてきたように思う。

　前書に引き続き、本書に関しても賛否両論が出て、議論百出することは間違いないだろう。本書も、道徳の教科化を間近に控えた今日、具体的な内容を検討するための書としてご活用いただければ幸甚である。

　なお、前書に引き続き、表紙カバーに登場するコーヒーカップたちは、高田ナッツさんの作品で「モラルン」と名づけられている。コーヒーを飲むような気軽さで、道徳を熱く語る時代がきたことを象徴しているようである。

　最後に、本書の刊行を勧めていただいた教育出版の関係者各位に心より御礼を申し上げたい。特に、前書に引き続いて本書でも教育出版の青木佳之氏には、かなりタイトなスケジュールの中で編集の労をとっていただいた。道徳教育の充実・改善を実現したいという人義に対して、同じ志をもつ編集者に出会えたことを心よりうれしく思うとともに、深く感謝を申し上げる次第である。

　本書が道徳教科化の在り方を真摯に熟議するたたき台となり、道徳の時代をつくる幕開けとなることを心より祈念したい。

2014（平成26）年5月　端午の節句に子どもたちの成長を願いつつ

　　　　　　　　　　　　　　　　　　　　　　　　　　　柳沼　良太

著者紹介

押谷　由夫（昭和女子大学大学院生活機構研究科教授）

1952年滋賀県生まれ。広島大学大学院博士後期課程退学。博士（教育学）。高松短期大学講師、高知女子大学助教授、文部省・文部科学省教科調査官（道徳教育担当）を経て現職。日本道徳教育学会会長、小さな親切運動本部顧問。主な著書に『総合単元的道徳教育論の提唱』（文溪堂）、『「道徳の時間」成立過程に関する研究』（東洋館出版）、『道徳性形成・徳育論』（共著、ＮＨＫ出版）など。

柳沼　良太（岐阜大学大学院教育学研究科准教授）

1969年福島県生まれ。早稲田大学大学院博士後期課程単位取得退学。博士（文学）。早稲田大学助手、山形短期大学専任講師を経て現職。日本道徳教育学会理事。主な著書に『プラグマティズムと教育』（八千代出版）、『問題解決型の道徳授業』（明治図書）、『ローティの教育論』（八千代出版）、『ポストモダンの自由管理教育』（春風社）、『「生きる力」を育む道徳教育』（慶應義塾大学出版会）など。

新井　浅浩（城西大学経営学部教授）

1960年東京都生まれ。カリフォルニア大学サンタバーバラ校教育学大学院修士課程修了 M.A. in Confluent Education.　（財）二十一世紀教育の会研究員、西武文理大学教授を経て現職。主な著書に『現代英国の宗教教育と人格教育（PSE）』（共編著、東信堂）、『ヨーロッパの学校における市民的社会性教育の発展―フランス・ドイツ・イギリス―』（共編著、東信堂）など。

貝塚　茂樹（武蔵野大学教育学部教授）

1963年茨城県生まれ。筑波大学大学院博士課程単位取得退学。博士（教育学）。国立教育政策研究所主任研究官等を経て現職。日本道徳教育学会理事。主な著書に『戦後教育改革と道徳教育問題』（日本図書センター）、『道徳教育の取扱説明書』（学術出版会）、『教えることのすすめ』（明治図書）、『戦後道徳教育の再考』（文化書房博文社）など。

関根　明伸（国士舘大学体育学部准教授）

1964年福島県生まれ。韓国・高麗大学校教育大学院修士課程修了、東北大学大学院博士後期課程修了。博士（教育学）。郡山女子大学講師を経て現職。文部科学省中央教育審議会初等中等教育分科会教員養成部会専門委員。主な著書・論文に「韓国における道徳教育」『自ら学ぶ道徳教育』（保育社）、「1960年代の韓国道徳教育カリキュラム」東北教育学会紀要第14号など。

西野　真由美（国立教育政策研究所総括研究官）

1961年富山県生まれ。お茶の水女子大学大学院博士課程単位取得退学。文学修士。お茶の水女子大学人間文化研究科助手を経て現職。主な著書・論文に『国際化・情報化社会における心の教育』（共著、日本図書センター）、『日本人の心の教育』（官公庁資料編纂会）、「他者との対話的関係づくり」『道徳教育論』（高橋勝編、培風館）。

松本　美奈（読売新聞編集委員）

1964年東京都生まれ。全国の国公私立大学を対象に、個々の退学率や卒業率、学生支援の現状などを尋ねた「大学の実力」調査を2008年から担当。同調査をもとにしたルポ「大学の実力」（隔週金曜日朝刊）、全国の教育現場の「今」を追う教育ルネサンスほかを執筆。校閲部、秋田支局、社会部、生活情報部を経て現職。主な著書に『大学の実力2011』『大学の実力2012』『大学の実力2013』（いずれも中央公論新社）、『学生と変える大学教育〜ＦＤを楽しむという発想』（共編著、ナカニシヤ出版）など。２女１男の母。社会保険労務士。

道徳の時代をつくる！
―道徳教科化への始動―

2014年7月7日　初版第1刷発行
2016年1月15日　初版第3刷発行

編著者　押　谷　由　夫
　　　　柳　沼　良　太

発行者　小　林　一　光

発行所　教 育 出 版 株 式 会 社

101-0051　東京都千代田区神田神保町2-10
電話 03-3238-6965　FAX 03-3238-6999

©Y. Oshitani　R. Yaginuma 2014
Printed in Japan
乱丁・落丁本はお取替いたします。

組版　ピーアンドエー
カバーデザイン　高田亘
カバーイラスト　高田ナッツ
印刷　モリモト印刷
製本　上島製本

ISBN978-4-316-80424-8